HEYNE BÜCHER
SACHBUCH

MICHAEL KÖHLER

AKTE

Eine Geschichte der erotischen Fotografie

ORIGINALAUSGABE

WILHELM HEYNE VERLAG
MÜNCHEN

HEYNE SACHBUCH
Nr. 19/151

Umschlag: Sheila Metzner, *Michal Mermaid,* 1980
Frontispiz: Anonyme Visitkarte, um 1875

Printed in Germany 1991
Umschlagfoto: Staley-Wise Gallery, New York
Umschlaggestaltung: Atelier Adolf Bachmann, Reischach
Herstellung: H + G Lidl, München
Satz: Fotosatz Völkl, Germering
Druck und Verarbeitung: RMO, München

ISBN 3-453-04459-2

INHALT

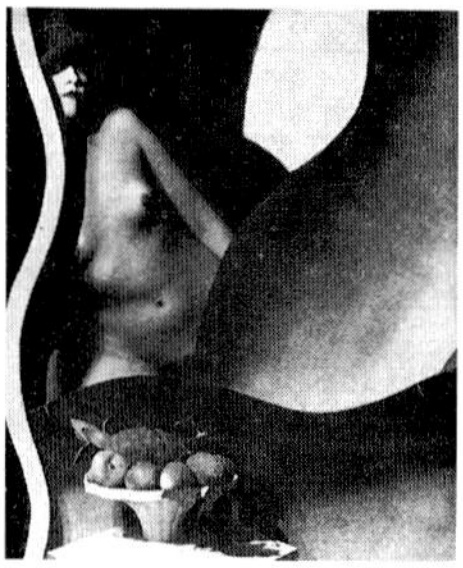

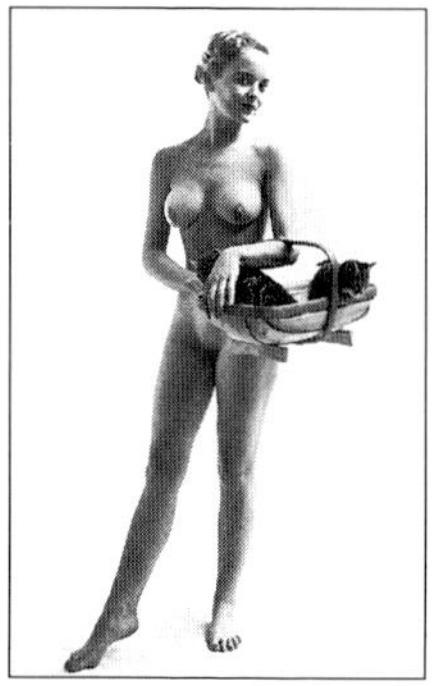

Einleitung

WEIBLICHER KÖRPER, MÄNNLICHER BLICK

Stichworte zur Geschichte und Ästhetik erotischer Fotografie

Über den Begriff Erotik läßt sich trefflich philosophieren. Die Fragen, was Erotik sei und was erotisch, haben schon Berge von Literatur produziert. Trotzdem wurde noch keine rundum befriedigende Antwort gefunden.

Vermutlich wird es diese Antwort auch nie geben. Denn soviel scheint bereits klar: Eindeutigkeit ist der Erzfeind alles Erotischen. Sein Lebenselixier ist die Andeutung, das Suggestive, Atmosphärische, Ungreifbare – etwas, das sich einer genauen Erklärung immer wieder entzieht, weil es sich um so schneller verflüchtigt, je intensiver das Bemühen wird, ihm auf die Spur zu kommen.

Damit nicht genug, kann das »gewisse Etwas«, das unser erotisches Empfinden stimuliert, verwirrend vielfältige Formen annehmen. Denn dieses Empfinden ist äußerst unbeständig. Schon von Kultur zu Kultur verschieden, unterliegt es dem historischen Wandel, ändert sich mit dem Lebensalter, wird von Situationen und Stimmungen beeinflußt und kann – bei ein und derselben Person – sogar von einem Moment zum nächsten variieren.

Mit einem Wort – was wir als erotisch empfinden, ist Geschmackssache, so individuell und wechselhaft, so abhängig vom Einzelfall, daß Verallgemeinerungen dabei nur wenig weiterhelfen können.

Vor ähnlichen Problemen steht, wer über erotische Fotografie reden will. Zwar kann er das Thema philosophisch angehen; scharfsinnige Beobachtungen anstellen, was das Wesen fotografischer Erotik ausmacht; spekulieren, welche ihrer Formen welche Wirkung auf den Betrachter haben; festlegen, wo sie obszön werden und ins Pornografische abgleiten etc. Dies freilich um den Preis, daß seine Ansichten, weil subjektiv, unverbindlich bleiben und am Ende doch alle Fragen offen lassen müssen.

Festen Boden betritt man erst, wo man sich an die faktischen Aspekte des Themas hält, die Praxis erotischer Fotografie, ihre Herstellung und ihren Vertrieb – an jene Aspekte also, die präzise und nachprüfbare Aussagen zulassen. Weshalb von diesen im folgenden hauptsächlich die Rede sein soll.

Für die mittlerweile 150 Jahre seit Erfindung des Lichtbilds kann die Produktion erotischer Fotografien eine Erfolgsstory sondergleichen vorweisen. Aus bescheidensten Anfängen hat sie einen weltumspannenden Markt entwickelt, der kaum Krisen kennt. Und nach Jahrzehnten der Illegalität ist sie heute – allen periodisch wiederkehrenden Anfeindungen zum Trotz – nicht nur geduldet, sondern respektabel geworden, ein fester Bestandteil der Unterhaltungsindustrie aller modernen Gesellschaften.

Erotische Fotos sind fast pausenlos präsent. Man findet sie in Büchern, Zeitungen und Zeitschriften, den Auslagen der Geschäfte, in Film und Fernsehen, auf Kleidungsstücken und Verpackungen, an den Wänden der Theater, Museen, Restaurants, Bars.

Daß eine derartige Omnipräsenz möglich wurde, verdankt die erotische Fotografie natürlich nur zum Teil ihren eigenen Fortschritten. Gewiß, sie hat gelernt, das jeweils geforderte bzw. noch tolerierte Maß an Erotik perfekt zu dosieren und ihre Bilder mit einer technischen und ästhetischen Makellosigkeit auszustatten, die sich kaum mehr überbieten läßt. Und dennoch, die Freizügigkeit, der sich erotische Fotografie heute erfreut, ist mehr zufällig als erkämpft.

Diese Freizügigkeit ist Ausdruck und Folge einer generellen Erotisierung des Alltags im Zeichen der Freizeit- und Konsumgesellschaft, in der wir seit den sechziger Jahren leben. Wobei die nahezu schrankenlose Toleranz in Fragen öffentlicher Moral, die wir nach der »sexuellen Revolution« jenes Jahrzehnts genießen, den vorläufigen Höhepunkt eines an Widerständen reichen Liberalisierungsprozesses darstellt, der schon um die Jahrhundertwende eingesetzt hatte.

Im 19. Jahrhundert war der Kodex sexuellen Verhaltens noch ganz von Aberglauben, unbefragt tradierten Vorurteilen und christlicher Lustfeindlichkeit geprägt und die öffentliche Moral ein Reservat sorgsam gehüteter Tabus, deren Aufklärung mächtige Interessen entgegenstanden. Selbst die Ablösung medizinischer Mißverständnisse durch wissenschaftlich fundierte Fakten kam nur langsam voran, da es an Mut zu entsprechenden Forschungen mangelte.

Zur lauten Kritik an der bisherigen Verteufelung menschlicher Lust summierten sich die diversen Aufklärungsversuche deshalb erst nach 1900, zu dem Zeitpunkt, als sich die Sexualwissenschaft etablierte, rasch gefolgt von der Psychoanalyse Sigmund Freuds, die eine Erklärung sexueller Verhal-

Hier und auf den folgenden Seiten: Sechs Motive einer fortlaufenden »Striptease«-Postkartenserie mit dem Titel »Gretchen und Faust«, um 1910

tensweisen von der seelischen Seite her suchte. Und parallel dazu erprobten radikale Lebensreformer so scheinbar skandalöse Beispiele sexueller Emanzipation wie den Abschied vom Korsett, das nackte Sonnenbaden und die freie Liebe.

Bis der Ruf nach Enttabuisierung des Sexus wirklich Schubkraft entwikkeln konnte, mußten ihm freilich mächtigere Alliierte erwachsen sein als wissenschaftliche Argumente und die Lebensreformbewegung – Verbündete wie der Erste Weltkrieg und die forcierte Industrialisierung Europas nach ihm. Denn nur Ereignisse dieser historischen Größenordnung waren letztlich imstande, für jenen epochalen Klimawechsel zu sorgen, der den tiefgreifenden Wandel der Moralvorstellungen während der zwanziger Jahre ermöglichte.

Vom sinnlosen Gemetzel auf den Schlachtfeldern als pure Fassade entlarvt, büßte der so gern beschworene Humanismus des Bürgertums im Krieg jede Glaubwürdigkeit ein – und mit ihm das gesamte Wertesystem des 19. Jahrhunderts. Was das Verhältnis der Geschlechter betraf, konnte deshalb kaum etwas beim Alten bleiben. Vor allem die Rolle der Frau wollte neu definiert sein. Ihr traditioneller Aufgabenbereich – Haushalt und Familie – mußte erweitert werden. Die Wirtschaft brauchte sie jetzt zunehmend auch im Beruf, was ganz neue Eigenschaften von ihr verlangte – Selbständigkeit, Durchsetzungsvermögen, Erwerbssinn und Karrieredenken, die bislang als typisch männlich gegolten hatten.

Das wachsende Selbstvertrauen der berufstätigen Frau machte sich auch zu Hause, in ihrem Privat- und Liebesleben, bemerkbar. Auch hier pochte sie nun auf mehr Gleichberechtigung. Die Initiative bei Partnerwahl, Heirat, Mutterschaft und eventueller Scheidung konnte jetzt ebensogut von ihr wie von ihm ausgehen.

Sicher gelang es während der zwanziger Jahre noch nicht allen Frauen, derart frei über ihr Leben zu bestimmen. Doch die wenigen, meist jüngeren, denen es gelang, prägten schon das Frauenideal der Zeit. Emanzipiert zu sein war im Gegensatz zu früher nun kein soziales Stigma mehr, sondern im positiven Sinn »modern«, erstrebenswert, ein verlockendes Ziel, das denen, die es erreichten, weit größere Vor- als Nachteile bescherte.

Daher standen der »modernen« Frau der zwanziger Jahre beim Bemühen, die neuen Talente zu entwickeln, die man von ihr erwartete, auch bald etliche Helfer mit Rat und Tat zur Seite. Der Staat gab ihr das Wahlrecht und revidierte die veralteten Familiengesetze. Die Mode lancierte den praktischen Garconne-Look mit Kostüm oder Sackkleid, kniehohem Saum und Kurzhaarfrisur, um ihr maximale Beweglichkeit zu sichern. Damit sie trotz Emanzipierungsstreß fit und attraktiv blieb, ließen ihr die Illustrierten umfassende Aufklärung zu Fragen der Gesundheit zuteil werden, von der richtigen Ernährung, notwendigen Gymnastik und zeitgemäßen Kosmetik bis hin zu Intimpflege und Verhütung – zu Themen also, über die man vor dem Krieg sogar innerhalb der Familie aus schierem Unwissen oder falsch verstandener Prüderie kaum ein Wort verloren hatte.

Während die Frauen den Umgang mit der neu gewonnenen Unabhängigkeit erst erlernen mußten, war von den Männern eine nicht minder schwierige Anpassung gefordert. Die Enttabuisierung des Sexus, die mit der Emanzipation der Frau einherging, schien ihnen nur ein schwacher Trost für den Verlust liebgewonnener patriarchaler Vorrechte.

Der enge Zusammenhang von Frauenemanzipation und liberaler Sexualmoral galt auch für die nächsten Jahrzehnte – nur mit umgekehrtem Vorzeichen.

Konservative Kräfte eroberten die politische Macht zurück, und die Emanzipation der Frau wurde als Fehlentwicklung empfunden, die es einzudämmen, wenn nicht gar rückgängig zu machen hieß.

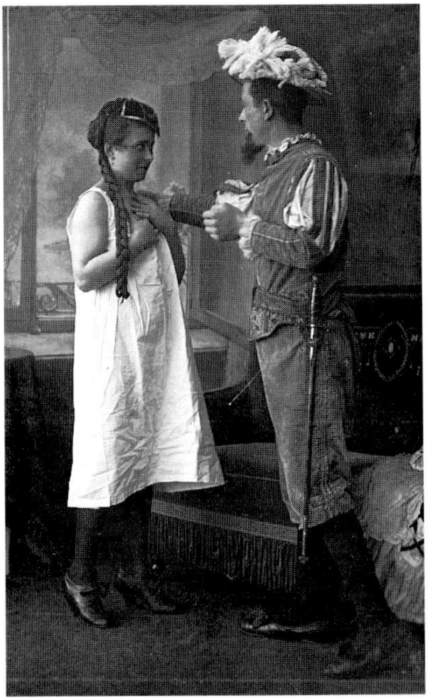

Die weltweite Wirtschaftskrise zu Beginn der dreißiger Jahre tat ihr übriges. Angesichts bedrohlicher Arbeitslosenzahlen wurde die emanzipierte Frau mehr denn je zum lästigen Konkurrenten der Männer im Beruf und zum bevorzugten Opfer, wo es galt, den Arbeitsmarkt zu entlasten.

Als es somit opportun schien, die Frauen generell vom Berufsleben fernzuhalten, entfiel auch der Grund, ihre Selbständigkeit zu fördern. Der Glanz ihres »modernen« Erscheinungsbildes in Mode und Medien verblaßte hierauf rasch.

Alte »weibliche« Tugenden wie Bescheidenheit und Stittsamkeit waren wieder gefragt; ihre Erfüllung hatte die Frau nach traditioneller Art in Haushalt und Familie zu finden.

Bei dieser klassischen Rollenverteilung blieb es dann bis in die frühen sechziger Jahre. Zwar hatten die Frauen im Zweiten Weltkrieg häufig genug »ihren Mann« zu stehen. Doch bedeutete das jetzt nach offizieller Version eine Zumutung, die sofort beseitigt werden mußte, als sich das Leben wieder einigermaßen normalisierte. Denn auch in den fünfziger Jahren waren Arbeitsplätze noch so rar, daß für Frauen im Beruf kaum Bedarf bestand.

Unter diesen Voraussetzungen blieb auch das moralische Klima so prüde wie vor dem Krieg. Sex war aufs eheliche Schlafzimmer beschränkt, ansonsten ein Thema, über das man sich schamhaft ausschwieg. Knapp bemessene Nacktheit im Film und auf der Bühne wurde durch freiwillige Selbstkontrolle verhindert – oder durch den Staatsanwalt. Und von gedruckter Erotik in Wort und Bild entging nur das »künstlerisch Wertvolle« der Verfolgung. Wobei die Frage, was im Einzelfall als Kunst bzw. Pornografie anzusehen sei, häufig erst vor Gericht entschieden wurde.

Ein derart repressiver, engherziger Moralkodex ließ sich unter demokratischen Verhältnissen indes nicht unbegrenzt aufrechterhalten. Irgendwann mußte er als unzulässige Bevormundung der Bürger durch den Staat empfunden werden und massiven Widerspruch herausfordern.

Solange der Wiederaufbau nach dem Krieg noch alle Kräfte in Anspruch nahm, gab es freilich dringendere Themen als die neuerliche Enttabuisierung des Sexus. Nicht aber, als ein anhaltendes Wirtschaftswachstum in Europa der Mehrheit der Bevölkerung so viel Wohlstand und Freizeit beschert hatte, daß sich die Chance bot, den aufgestauten Nachholbedarf an Lebensgenuß endlich zu stillen.

Der zunehmende Widerstand, auf den die staatlich verordnete Prüderie dann quer durch Europa stieß, regte sich – amerikanischem Muster folgend – zuerst bei der studentischen Jugend. In demokratischem Geist erzogen, nahm sie die Freiheit zur politischen Mitsprache als zwingende Verpflichtung, Protest einzulegen, wo immer die Ideale, die man ihr gepredigt hatte, nur unvollkommen verwirklicht waren. Und Grund, überfällige Reformen anzumahnen, gab es – ihrer Meinung nach – zuhauf, von der Ausbeutung der Dritten Welt über geschmälerte Bürgerrechte im eigenen Land bis hin zur ungehinderten Selbstverwirklichung in so privaten Angelegenheiten wie der individuellen Sexualmoral.

Welchen Schaden konnte es schon anrichten, wenn man sich körperbetonter kleidete als bisher, ungezwungen über Intimes sprach oder Zärtlichkeiten offen austauschte? Und was sollte so verwerflich daran sein, Nacktheit schamfrei oder Sex – auch ohne Trauschein – reuelos zu genießen? Für die Jugend der sechziger Jahre gab es da wenig Zweifel. Ihre Antwort hieß: Make love, not war. Das war in jedem Fall gesünder und bereitete auch mehr Spaß.

Dank ausführlicher Berichterstattung in den Medien bildete diese Einstellung bald nicht mehr nur die Verhaltensnorm von Jugendlichen, son-

dern auch den Leitfaden eines genußorientierten Lebensstils, der zur weitverbreiteten Mode unter jenen Erwachsenen wurde, die sich zugute hielten, jung und progressiv geblieben zu sein.

Alle Warnungen vor einem regen Liebesleben hatten sich nach den Erkenntnissen der Sexualwissenschaft als barer Unsinn entpuppt. Vor unliebsamen Überraschungen schützte die neu entwickelte Antibabypille. Und was den guten Ruf betraf, so mußte auch er nicht unbedingt leiden, da gesteigerte Lebenslust jetzt durchaus im Interesse der Allgemeinheit lag.

Wer das Leben unter dem Genußaspekt betrachtet, kennt keine Sparsamkeit. Und das war wichtig. Denn nach den Gesetzen der Überflußgesellschaft, die mittlerweile herrschten, bildete ungehemmter Konsum eine unabdingbare Voraussetzung, den erreichten Wohlstand aufrechtzuerhalten. Wo aber ein Klima konstanten Konsumanreizes durch Aussicht auf gesteigerten Lebensgenuß propagiert wird, darf es keinen Anstoß mehr erregen, wenn man seinen Körper als Quelle sinnlich-erotischen Vergnügens erfahren will. Ja mehr noch, es muß – in Form einer entsprechenden Gesetzgebung – auch von Staats wegen garantiert sein, daß nunmehr gelokkerte Maßstäbe bei Fragen von Sitte und Anstand gelten sollen. Was dann bis Mitte der siebziger Jahre in den meisten Ländern des Westens tatsächlich Wahrheit wurde.

Sowohl Tempo wie Ausmaß dieses Wandels der öffentlichen Moral übertrafen am Ende alles bisher Dagewesene und gaben Anlaß, ohne Übertreibung von einer »sexuellen Revolution« zu sprechen. Denn anschließend blieb nur wenig übrig, das nicht erlaubt war. Und damit war, was einst als Utopie gegolten hatte, so gut wie erreicht – die nahezu unbegrenzte Freiheit jedes mündigen Bürgers zur sexuellen Selbstverwirklichung. Kurz: Weiter als damals ließ sich der Liberalisierungsprozeß in Sachen allgemeiner Moral, dessen Stationen wir hier seit der Jahrhundertwende verfolgt haben, kaum mehr treiben.

Wie man sehen konnte, nahm die Enttabuisierung des Sexus im 20. Jahrhundert alles andere als einen gradlinigen Verlauf.

Nicht anders verlief auch die Karriere des erotischen Fotos in diesem Jahrhundert. Dabei stand das periodische Auf und Ab des Erlaubten – wie nicht anders zu erwarten – in direkter Parallelität zu den Fort- bzw. Rückschritten bei der Liberalisierung des öffentlichen Moralkodex. Ist doch die Beschneidung der Freizügigkeit im erotischen Foto üblicherweise die erste Amtshandlung, wenn es darum geht, öffentlicher »Dekadenz« Einhalt zu gebieten. Mit anderen Worten: Wer einen schnellen, doch verläßlichen Indikator für das Ausmaß an Toleranz einer Zeit oder Gesellschaft in Fragen der Moral sucht, braucht nur ihre Foto-Erotik zu betrachten. Wirkt sie fröhlich, prickelnd und phantasievoll inszeniert, kann er auf ein entspanntes Verhältnis zum Sexus schließen. Ist sie hingegen bemüht, alles Frivole bereits im Ansatz zu meiden, wird auch der erotische Alltag eher freudlos sein.

Abgesehen von den Anfängen der erotischen Fotografie zwischen 1840 und 1855, wo sich das Genre etablierte und all seine Konventionen noch zu entdecken waren, kennt die Geschichte der erotischen Fotografie nur zwei Phasen stürmischer Innovation. Beide fallen in unser Jahrhundert und sind – nach dem bisher Gesagten – leicht zu identifizieren: zum einen das Jahrzehnt von 1925 bis 1935 mit seinem Ideal der »modernen«, frisch emanzipierten Frau, zum anderen die Zeit seit 1968, dem Jahr, als die »sexuelle Revolution« nicht länger aufzuhalten war.

Während der übrigen Zeit hatte die Foto-Erotik mit erheblichen Gesetzesauflagen in puncto Darstellungsfreiheit zu kämpfen. Hier wenigstens noch den Anschein des Verführerischen zu bewahren, glich meist einem

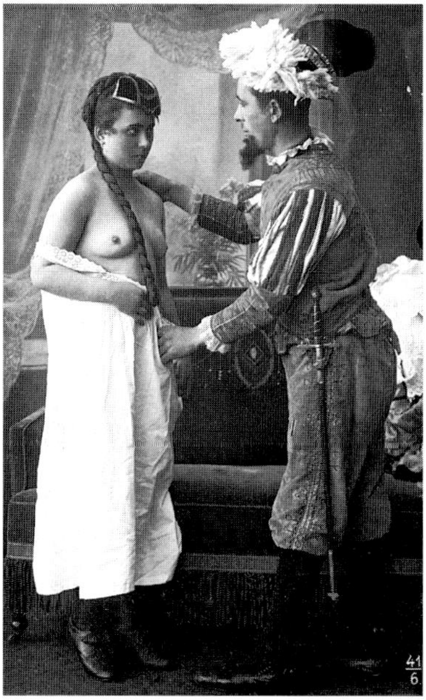

Akrobatenstück, das mehr Geschick verlangte als die Inszenierung direkten Sex-Appeals.

So fehlte es auch in Phasen mit eingeengtem Bewegungsspielraum – wie beispielsweise um 1900 oder in den späten dreißiger Jahren – keineswegs an inszenatorischer Kreativität. Die innovativsten und überraschendsten Neuerungen gelangen allerdings immer dann, wenn ein progressiver Zeitgeist herrschte.

Nur auf das jeweils Erlaubte zu schauen, vermittelt freilich ein unvollständiges und deshalb über weite Strecken irreführendes Bild der Foto-Erotik. Denn neben der legalen gab es zu allen Zeiten noch eine »geheime« Foto-Erotik. Und die machte, weil ohnehin illegal, vor keinem Motiv halt.

Welche Bedeutung und welches Volumen der geheime Erotikhandel schon relativ früh erreichte, davon wird später ausführlicher die Rede sein. Hier mag der Hinweis genügen, daß selbst die strengsten Gesetze wie die härteste Verfolgung der Pornografie nie ausreichten, sie ganz zu unterdrücken. Dafür war der illegale Handel mit seinen enormen Profiten einfach zu gut organisiert.

Deshalb ist die Vorstellung, erst eine zunehmende Enttabuisierung des Sexus in diesem Jahrhundert habe es ermöglicht, auch die Motive »harter« Pornografie in Umlauf zu bringen, schlicht falsch. Sie waren schon immer greifbar, selbst zu Anfang auf den Daguerreschen Platten, lediglich *offiziell* nicht vorhanden.

Wenn von wachsender Freizügigkeit im Bereich der Foto-Erotik gesprochen werden kann, dann also nur in bezug auf ihren legalen Teil. Bis endlich jener Punkt erreicht war, an dem alles legal wurde, auch die »harte« Pornografie, wie hierzulande seit 1975.

Nun bildet die Grenze zwischen dem Erlaubtem und dem Illegalem den sicher spannendsten und spektakulärsten Aspekt der mittlerweile 150jährigen Geschichte des erotischen Fotos. Gleichwohl nur einen von mehreren Aspekten.

Verschiebt man die Optik nur ein wenig und betrachtet, was jeweils legal und im geheimen produziert wurde, als Einheit, erhält man schon ein völlig anderes Bild. Dann hat sich nämlich im Lauf der Zeit erstaunlich wenig verändert. Zumindest, was die wesentlichen Merkmale der Foto-Erotik betrifft.

Daß die Bandbreite ihrer Motivik zu allen Zeiten in etwa dieselbe war und »harte« Pornografie schon immer einschloß, ist bereits erwähnt worden. Aber auch die entscheidenden Inszenierungskonventionen des erotischen Fotos – von den favorisierten Posen bis hin zu Requisiten und Accessoires – waren in den bisherigen 150 Jahren seiner Geschichte nur relativ geringen Veränderungen unterworfen. Schließlich ist die Aufgabe dieser Art Fotografie seit ihren Anfängen gleich geblieben: Sie soll animieren und Vorlagen für erotische Tagträume liefern. Und da sie dabei – als durch und durch kommerzielle Unternehmung – in erster Linie marktorientiert verfährt, gibt es keinen triftigen Grund, den Charakter der Ware zu ändern, solange der Absatz floriert.

Wenn dann die Formeln, nach denen die Ware produziert wird, über längere Zeiträume nicht grundlegend geändert werden müssen, kann das nur eins heißen: Die Konsumenten sind mit dem Produkt dauerhaft zufrieden. Dieses wiederum bedeutet, daß wir heute im wesentlichen noch immer auf dieselben erotischen Reize ansprechen wie unsere Eltern, Großeltern und Urgroßeltern.

Und auch das wirkt durchaus glaubhaft, wenn man sich noch einmal vergegenwärtigt, welche Inszenierungskonventionen es denn sind, mit denen uns das erotische Foto seit Beginn derart dauerhaft verführt.

Erotische Fotografie war bisher primär »Männersache«. Bis in die jüngste Vergangenheit standen seine Wünsche und Vorlieben im Vordergrund, fotografiert wurde fast ausnahmslos von Männern für Männer.

Weil aber der männliche Blick so uneingeschränkt den Ton angibt, dreht sich bei der Foto-Erotik nahezu alles um den weiblichen Körper. Er ist das zentrale, beherrschende Motiv.

Ihm und nur ihm gilt das vorrangige Interesse – was sonst noch im Bild auftauchen mag, fungiert als bloße Umrahmung, als Beiwerk, das ebensogut auch fehlen könnte.

Wenn die weitaus größte Zahl erotischer Aufnahmen mit der Darstellung eines einzigen Körpers auskommt, so hat das mit einer Ökonomie der Mittel im Dienste gesteigerten Effekts zu tun. Die Hierarchie der erotischen Signale bei einem Körper ist eindeutig. Der Blick weiß sofort, worauf er ruhen soll, damit die Szene ihre volle Wirkung entfalten kann.

Überdies ist dem männlichen Blick die Begegnung mit einem Körper und seinen Reizen ja ohnehin die vertrauteste Art, Erotik zu erleben; reproduzieren solche Bilder doch die häufigste der erotischen Konfigurationen, die der Alltag kennt, die der (heterosexuellen) Zweisamkeit.

So vermitteln Aufnahmen eines Körpers wohl am leichtesten jene Fiktion, die aller fotografischen Erotik als potentestes Stimulans zugrunde liegt – nämlich die, als Betrachter mit im Bild zu sein und an dessen Geschehen aktiv teilzunehmen. Die Anwesenheit weiterer Konkurrenzpersonen kann da nur stören.

Damit sie auch schuldfrei konsumiert werden kann, gehört zur Foto-Erotik ferner die Fiktion, daß die Frauen, die hier ihren Körper der Betrachtung darbieten, es bereitwillig tun, freudig bei der Sache sind. Daher die Konvention des verlockenden Lächelns auf ihren Gesichtern, mit dem sich ihr »Partner« suggerieren läßt, die Initiative zum folgenden Gedankenspiel und dessen Ausschweifungen sei eigentlich von ihr ausgegangen. Wie schon im Garten Eden habe er nur nicht widerstehen können und sei deshalb bloßes Opfer ihrer raffinierten Verführungskünste.

Ist der weibliche Körper die Hauptsache beim erotischen Foto, so ist sein Hauptthema dessen Stilisierung zum Objekt der Begierde. Sonst verfehlt die Aufnahme den gewünschten Zweck und resultiert bestenfalls in einem gewöhnlichen Aktfoto.

Aktfotos dürfen den Körper in seiner natürlichen Unvollkommenheit zeigen, erotische Aufnahmen jedoch nie. Bei letzteren muß er nicht nur wohlgeformt und rundum makellos, sondern auch richtig proportioniert erscheinen, wobei das Ebenmaß verletzende Ausprägungen gewisser Körperteile durchaus erwünscht sind. Wo und wie sehr sie es verletzen dürfen, ohne als unästhetisch zu gelten, hängt dabei vom jeweils herrschenden Zeitgeschmack ab. Ebenso, ob die Idealfigur eher zum Fülligen oder zum Schlanken, Sportiven tendieren soll, was die Geschichte des erotischen Fotos auch zu einer verläßlichen Quelle für den Wandel der Körpermoden während der letzten 150 Jahre macht.

Und schließlich gehört es zum Charakter des erotischen Fotos, daß es einen Rest von Geheimnis bewahrt. Fehlt dieser Rest, wird es pornografisch, womit nichts Abschätziges gemeint ist, sondern lediglich ein völlig anderer Inszenierungsstil.

Während das erotische Foto der Phantasie des Betrachters den Spielraum gewährt, sich bestimmte Details der Szene nach eigenem Belieben auszumalen, weil sie nur teilweise oder gar nicht zu sehen sind, verfährt das pornografische entgegengesetzt. Statt übermäßigen »Realismus« zu meiden, verfolgt es ihn bis ins Extrem und befleißigt sich einer Offenheit, die dem Betrachter nichts, aber auch rein gar nichts der nackten Tatsachen vorenthält.

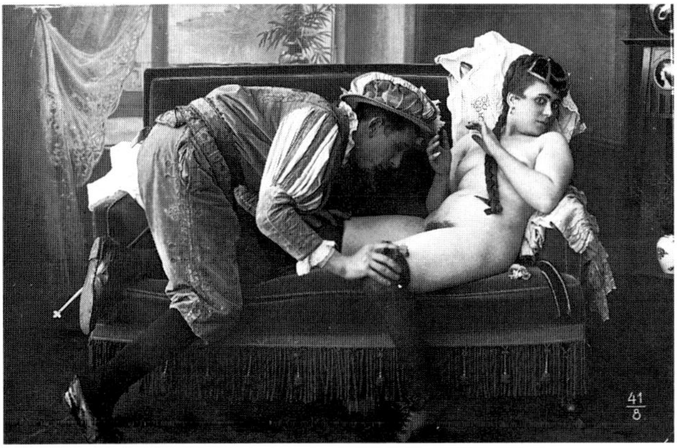

Ob es ihm damit freilich, wie so oft vermutet, einen größeren Gefallen tut als das erotische Foto; muß wohl eher verneint werden. Zumindest sagt die Statistik, daß die Mehrzahl der Betrachter selbst heute noch die weniger direkte Inszenierungsweise bevorzugt, weil die pornografische Fotografie neben Lust auch Abscheu erweckt.

Bis in die jüngste Vergangenheit gab es eine deutliche Abgrenzung der Motivbereiche von erotischem und pornografischem Foto. Zum Motivbereich des erotischen Fotos gehörte nur, was mit dem Vorspiel zu tun hat – vom koketten Blick bis zur Enthüllung der primären Geschlechtsteile, vom tiefen Dekolleté bis zur vollständigen Entkleidung. Alles, was darüber hinaus an sexuellem Geschehen darstellbar ist, fiel in den Motivbereich des pornografischen Fotos.

Warum man früher so selten versuchte, »pornografische« Motive erotisch zu inszenieren, wo doch die Mehrzahl der Abnehmer sicher auch damals schon eine weniger direkte Darstellung bei diesen Motiven vorzog, ist schwer zu ergründen. Vermutlich fehlte es einfach an Motivation und Gelegenheit. »Pornografische« Darstellungen waren ja auch dann illegal, wenn sie erotisch inszeniert wurden. Und weshalb sollte man sich da schon große Mühe geben, zu veredeln, was ohnehin nicht salonfähig werden konnte?

Wie dem auch sei, für die längste Zeit ihrer bisherigen Geschichte galt, daß Foto-Erotik so gut wie ausschließlich mit der Wiedergabe der diversen Stadien des Entkleidens identisch war, also von nichts anderem lebte als jener Macht, die das Schauspiel des strategischen Entblößens und Verhüllens der weiblichen Anatomie über die männliche Phantasie besitzt.

Nicht pausenlose Abwechslung oder die stetige Zunahme dessen, was der Foto-Erotik zu zeigen erlaubt war, erklärt daher ihren anhaltenden Erfolg beim Publikum. Vielmehr liegt er gerade darin begründet, daß sie sich überhaupt nicht veränderte, sondern – in unermüdlichen Variationen – immer nur ein und dasselbe Schau-Spiel darbot. Zumal ja auch das Repertoire der Posen, die sie für den weiblichen Körper erfand, um den männlichen Blick einzufangen, recht standardisiert war.

Was sich hingegen wandelte und den raschen Änderungen des Zeitgeschmacks unterworfen war, sind zum einen die verwendeten Requisiten und Accessoires, zum anderen der Körpertyp der gewählten Modelle, der den jeweils herrschenden Idealvorstellungen zu entsprechen hatte. Aber all das gehört zur Verpackung, nicht zur Essenz erotischer Fotografie.

Bevor jetzt – in den Einleitungen der einzelnen Kapitel – das jeweilige Erscheinungsbild der Foto-Erotik während der verschiedenen Phasen ihrer Geschichte im Vordergrund stehen soll, hier noch einige Bemerkungen zu Struktur und Bildauswahl dieses Bandes.

In seinen sieben Kapiteln verfolgt dieser Band die Entwicklung des erotischen Fotos chronologisch von den Anfängen um 1840 bis in die unmittelbare Gegenwart. Die zeitlichen Einschnitte zwischen den Kapiteln sind so gewählt, daß sie jene Jahre markieren, wo sich eine neuerliche Umwälzung des öffentlichen Moralempfindens auch in einem veränderten Erscheinungsbild der Foto-Erotik bemerkbar macht.

Während der historische Rahmen des Bandes so weit gesteckt werden konnte, daß er die gesamte Geschichte seines Gegenstandes umfaßt, mußte sich die Bildauswahl – angesichts einer schier uferlosen Produktion erotischer Aufnahmen in den zurückliegenden 150 Jahren – aufs Wesentliche und Typische beschränken. Deshalb gab bei der Entscheidung, welche der greifbaren Beispiele tatsächlich reproduziert werden sollten, die Überlegung den Ausschlag, welche Fotos neben ihrem unmittelbaren Reiz noch die meisten Rückschlüsse auf das moralische Klima und den Geschmack ihrer jeweiligen Entstehungszeit erlauben.

Wenn dabei, wie ich hoffe, ein gleichermaßen unterhaltsames wie lehrreiches Panorama der internationalen Foto-Erotik entstehen konnte, ist das natürlich in erster Linie den zahlreichen Fotografen und Sammlern zu danken, die bereit waren, ihre Aufnahmen zu diesem Unternehmen beizusteuern. Ihnen allen sei deshalb auch an dieser Stelle noch einmal ausdrücklich gedankt.

Hälfte einer anonymen Stereo-Daguerreotypie, um 1855

I

SPIEGEL DER VENUS

Die Anfänge des pikanten Licht-Bildes

1840–1855

Anonyme Daguerreotypie, um 1850

Fotografieren setzt das Wissen voraus, wie das Bild der Kamera dauerhaft zu fixieren ist. In diesem Sinn existiert die Fotografie seit 150 Jahren – der Idee nach aber schon sehr viel länger.

Schon die Renaissance kannte das Prinzip der Kamera: daß Lichtstrahlen, die durch ein Loch auf die Rückwand eines abgedunkelten Kastens *(Camera obscura)* fallen und dort das Spiegelbild des Gegenstandes entstehen lassen. Nur wußte man nicht, wie dieses *Lichtbild* zu fixieren sei.

Dennoch blieben gezielte Anstrengungen aus, dieses Phänomen zu ergründen. Den Künstlern und Kunsthandwerkern, die die Kamera zur Arbeitserleichterung benutzten, genügte es, die Umrisse des Lichtbilds abzupausen. Auch noch die Details zu kopieren, hätte ihnen als Eingeständnis mangelhaften Könnens gegolten. Nach traditioneller Auffassung bestand die künstlerische Leistung ja gerade darin, die Natur zu übertreffen, indem man deren Unvollkommenheiten verbesserte, sie *idealisierte.* Wer die Natur bloß sklavisch kopieren konnte, also nur zu detailgenauem *Realismus* fähig war, genoß entsprechend niedriges Ansehen.

Die geringe Wertschätzung realistischer Darstellungen änderte sich erst gegen Ende des 18. Jahrhunderts – im Zuge der industriellen Revolution.

Der beispiellose Aufschwung von Wissenschaft und Technik löste eine ungeahnte Neugier auf Bilder aus. Man wollte die Welt in allen Einzelheiten erkennen und verstehen lernen. Bilder, die dabei helfen konnten, brauchten nicht unbedingt schön zu sein. Sie mußten die Welt nur präzise wiedergeben.

Wo eine mögliche verläßliche Wiedergabe der Welt gefragt ist, sind Lichtbilder nicht zu übertreffen; denn nur die Kamera arbeitet völlig objektiv, naturgetreu bis ins kleinste Detail und perspektivisch stets korrekt.

Wem es auf eine realistische, wissenschaftlichen Ansprüchen genügende Weltdarstellung ankam, der brauchte nicht lange zu suchen. Die Kamera konnte sie liefern – sofern man endlich Wege fand, ihr Bild dauerhaft zu fixieren.

Wir wissen daher von zahllosen Versuchen aus dem ersten Viertel des 19. Jahrhunderts, dieses Problem zu lösen. Der erste, dem es schließlich gelang, eine brauchbare Methode zur Fixierung von Kamerabildern zu entdecken, hieß Louis Jacques Mandé Daguerre und stammte aus Paris. Man schrieb das Jahr 1837.

Daguerres Verfahren verlangte überraschend wenig Aufwand. Man nahm eine versilberte Kupferplatte, machte sie über Joddämpfen lichtempfindlich, entwickelte die Aufnahme über Quecksilberdämpfen und fixierte sie am Ende in einer simplen Kochsalzlösung.

Für die rasche Verbreitung des Daguerreotypierens sorgte aber ein anderer kluger Einfall Daguerres. Gegen eine staatliche Leibrente verkaufte er seine Erfindung an den französischen Staat, damit dieser sie der ganzen Welt zum Geschenk mache, sprich: zur allgemeinen kostenlosen Nutzung freigebe.

Als das Verfahren 1839 in Paris veröffentlicht wurde, fiel das Urteil der Zeitgenossen mehr als überschwenglich aus. War die Naturwiedergabe auf Daguerreschen Platten doch so vollkommen, daß es an Magie zu grenzen schien.

Als Nachteil empfand man solchen Realismus nur bei einem einzigen Motiv: dem nackten Körper.

Daß die ersten Aktaufnahmen mehr Schock als Genuß bereiteten, ist nur zu gut verständlich. Öffentliche Nacktheit war im Biedermeier gänzlich unbekannt und der Anblick privater Nacktheit gar unschickliche Seltenheit. Die Lebensnähe der Akt-Daguerreotypien mußte daher gleichermaßen erregen wie verstören. Wobei gerade die Erregung besonders verstört haben dürfte – warnten die medizinischen Kapazitäten der Zeit doch mit Nachdruck vor den gesundheitlichen Gefahren allzu häufiger sexueller Erregung.

Trotzdem sind uns keine durchgreifenden Maßnahmen gegen Herstellung und Vertrieb von Akt-Daguerreotypien bekannt. Zunächst wohl, weil beides mit höchster Diskretion vor sich ging; dann, weil derartige Aufnahmen wegen ihrer Seltenheit und ihres hohen Preises nur sehr begrenzt Schaden anrichten konnten.

Als Abnehmer von Aktaufnahmen kamen damals eigentlich nur drei Gruppen in Frage: Mediziner und Ethnologen, bildende Künstler und Sammler von Erotika. Ihre Interessen waren freilich so verschieden, daß sich die Daguerreotypisten bald genötigt sahen, für jede Gruppe besondere Darstellungsweisen zu entwickeln.

Waren die Aufnahmen zum wissenschaftlichen Gebrauch bestimmt, genügte ein inszenatorischer Minimalaufwand. Schon kunstlose Frontal-

oder Profilansichten des Modells vor neutralem Hintergrund erfüllten ihren Zweck.

Sollten Künstler beliefert werden, stiegen die Ansprüche. Zwar durften auch hier Kulissen fehlen, doch die Posen mußten klassischen Gesetzen von Körperstatik und Harmonie folgen, die nur einfing, wer seinen Blick vorher an den Plastiken der Antike hinreichend geschult hatte.

Den größten Aufwand aber verlangten die erotischen Aufnahmen. Dekor und Requisiten waren hier unverzichtbar, sollte der suggerierte Blick ins Boudoir glaubhaft wirken. Zudem benötigte man geeignete Garderobe. Schreibt die Künstlerstudie die völlige Nacktheit vor, so lebt die fotografische Pikanterie gerade vom Reiz des strategisch Verhüllten.

Außerdem mußten Posen gefunden werden, die den Blick auf die attraktivsten Partien der Anatomie lenken – ohne dabei vulgär zu wirken. Und zuletzt wollte jener einladende Gesichtsausdruck geübt sein, mit dem das Modell seine Betrachter zu den gedanklichen Ausschweifungen animieren soll, derentwegen solche Aufnahmen auch damals schon in erster Linie gekauft wurden.

Die Freude, die der Erwerb erotischer Daguerreotypien bereitet haben muß, läßt sich noch heute nachempfinden. Auch wenn ihre Pikanterie jetzt wohl eher rührend naiv anmuten will, bleibt doch das Staunen, mit welch liebevollem Geschick die ersten Fotografen den Charme ihrer Modelle einzufangen wußten.

Das gilt schon für Einzelmotive, weit mehr aber für die Doppelausführungen, die nach 1851 in Mode kamen. Betrachtet man sie im dazugehörigen Stereoskop, ergänzen sich die beiden Hälften nämlich zur perfekten Illusion: einem dreidimensional wirkenden, vollplastischen Bild. Es ist, als sehe man tatsächlich in ein Boudoir des Biedermeier und sei dort wirklich ganz allein mit dem Modell.

Akt-Daguerreotypien sind deshalb noch immer so gesucht wie zu ihrer Entstehungszeit. Da es alles Unikate sind und sich von den geschätzten fünftausend Stück, die damals – zwischen 1840 und 1865 – angefertigt wurden, nur ein knappes Fünftel erhalten hat, können die schönsten Motive leicht Spitzenpreise von derzeit 60.000 DM und mehr erzielen, was sie zu den größten Kostbarkeiten im Bereich der fotografischen Erotika macht.

Hälfte einer anonymen Stereo-Daguerreotypie, um 1855

Hälfte einer anonymen Stereo-Daguerreotypie, um 1855

Hälfte einer anonymen Stereo-Daguerreotypie, um 1855

Anonyme Daguerreotypie, um 1850

Hälfte einer anonymen Stereo-Daguerreotypie, um 1855

Hälfte einer anonymen Stereo-Daguerreotypie, um 1855

II

HEIMLICHE ENTHÜLLUNGEN

Die verbotenen Augenfreuden der Gründerzeit

1850–1890

Anonyme Kabinett-Karte, um 1880

Daguerre war nicht der einzige Erfinder der Fotografie, nur der schnellste im Vermarkten seines Verfahrens. Schneller jedenfalls als sein großer Rivale, der Engländer William Henry Fox Talbot.

Dabei war Talbots Verfahren der *Kalotypie* zur selben Zeit anwendungsreif wie das Daguerres und besaß ihm gegenüber noch einen bedeutenden Vorteil. Anders als Daguerreotypien ließen sich die Kalotypien vervielfältigen. Denn Talbot hat das noch heute verwendete Verfahren entdeckt, bei dem die Aufnahme ein Negativ ergibt, von dem man beliebig viele Positive, das heißt Abzüge auf Papier, herstellen kann.

Im Gegensatz zu Daguerre bestand Talbot aber darauf, Lizenzgebühren für die Benutzung seines Verfahrens zu erheben, was nicht nur dessen Verbreitung, sondern auch die technische Verbesserung behinderte. Bevor Papierbilder wirklich mit Daguerreschen Platten konkurrieren konnten, mußte ihre Abbildungsschärfe nämlich stark verbessert werden. Und das dauerte – wegen Talbots Eigensinn – gut fünfzehn Jahre.

Danach waren die Tage der Platten gezählt. Innerhalb von nur fünf Jahren waren die Daguerreotypisten von der Bildfläche verschwunden.

Für die Ästhetik von Aktdarstellungen brachte der Umstieg aufs Papierbild zunächst keine Veränderungen. Der Abnehmerkreis blieb der gleiche. Deshalb begnügten sich die Fotografen damit, mit dem neuen Verfahren zu wiederholen, was schon auf Daguerreschen Platten für die Zufriedenheit der Kunden gesorgt hatte.

Das heißt: Für wissenschaftliche Zwecke gaben sich die Aufnahmen auch weiter kunstlos sachlich. Als Künstlerstudien stellten sie das klassische Posenrepertoire nach. Und der Sammler von Erotika durfte wie gehabt zwischen Motiven mit pikantem Flair (Seite 36, 37, 39) und ausgesprochenen Cochonnerien (Seite 38, 42) wählen. Der einzige Unterschied zu früher war der Preis. Da sich jetzt mehrere Kopien ein und derselben Aufnahme verkaufen ließen, waren Papierbilder erheblich billiger als Daguerresche Platten – ein Unterschied freilich, der Folgen haben sollte.

Über die fallenden Preise freuten sich nämlich nicht nur die Kunden. Auch die Händler rieben sich die Hände. Denn für sie bedeuteten fallende Preise steigende Umsätze.

Brauchte es doch wenig Phantasie, sich auszumalen, daß die Nachfrage bei akzeptablen Preisen schier grenzenlos sein würde. Dazu brauchte man allerdings ein gut funktionierendes Vertriebsnetz.

Die glänzenden Aussichten des Aktfoto-Marktes dämmerten zuerst in Paris, wo man über die meiste Erfahrung in diesen Dingen verfügte. Schließlich hatte es in Paris schon die meisten Akt-Daguerreotypien gegeben. Diesen Vorsprung nutzend, gelang es den Pariser Händlern, auch den Markt für Papierbilder zu beherrschen. Und zwar in der Weise, daß sie sich durch ihre weltweiten Exporte ein fast unangefochtenes »Monopol« für diese Waren sicherten.

Parallel dazu gelang es, die Produktion von Aktaufnahmen dermaßen zu steigern, daß sich das einstige Luxusobjekt im Verlauf weniger Jahre in einen Massenartikel verwandelte.

Wer um 1870 danach suchte, hatte wenig Mühe; Läden mit reichem Sortiment fand er in aller Herren Länder. Ihre Adressen waren ein offenes Geheimnis. Glaubt man zeitgenössischen Berichten, annoncierten nicht wenige die Ware sogar in ihren Schaufenstern.

Damit hatten Art und Umfang des Handels eine Dimension erreicht, die Reaktionen provozieren mußte. Aktaufnahmen wurden zum öffentlichen Ärgernis, und die knapp hundertjährige Ära der pausenlosen Feldzüge gegen das, was man jetzt *Pornografie* nannte, begann.

Als pornografisch galten den Tugendwächtern jener Zeit alle Kamerabilder mit teilweise oder ganz entkleideten Körpern – ausgenommen nur jene, die wissenschaftlichen oder künstlerischen Zwecken dienen sollten. Den übrigen unterstellten sie eine derart große Gefährdung der öffentlichen Moral, daß sie sie mit der ganzen Härte des Gesetzes verfolgten.

Trotz der hohen Strafen für Herstellung, Vertrieb und Verkauf von Pornografie, die die meisten Staaten der westlichen Welt damals festsetzten, ließ sich der Handel mit Aktaufnahmen nie ganz unterbinden. Im Gegenteil. Nunmehr illegal, blühte der Markt wie nie zuvor, da die Debatte um ihr Verbot die Ware erst recht populär gemacht hatte.

Selbst die Versuche, den Handel einzudämmen, konnten unter diesen Bedingungen nur scheitern. Er war einfach schon zu weit verzweigt – und profitabel.

Alle Polizeiaktionen dürften deshalb am Ende bloß zur Ausweitung der Produktion beigetragen haben. Mußte der Handel doch Vorsorge treffen, beschlagnahmte Ware alsbaldigst zu ersetzen.

Um welche Größenordnungen es schon damals ging, wird überraschen: Als die Londoner Polizei das Lager eines einzigen Grossisten aushob, stieß sie auf knapp hundertfünfzigtausend Abzüge von mehr als fünftausend Negativen.

Und das bereits im Jahre 1875! Und von Anthony Comstock, dem berüchtigten Pornojäger der USA, wissen wir, daß er zur selben Zeit in New Yorker Geschäften über zweihunderttausend der verbotenen Bilder aufspürte.

Bei solchen Stückzahlen und der Gefahr, die mit ihrer Herstellung verbunden war, sahen sich die Fotografen zu immer hastigerer Arbeit gezwungen, was man den Aufnahmen dann auch ansah. Wo nur noch Quantitäten zählten, mußte die Qualität notgedrungen leiden.

Bald zeigten nur die teuren Stücke für die kultivierten Kunden noch die alte Sorgfalt. Der Durchschnittskunde dagegen mußte sich mit ziemlich lieblos produzierter Ware zufriedengeben, bei der man überall gespart hatte – am Format, der Inszenierung und den Modellen.

So behielten nur mehr die teuren Stücke das bisherige Format von 18 × 24 cm. Die billigen hingegen bot man entweder als Kabinett-Karte (10 × 15 cm) an oder, noch bescheidener, als Visit-Karte (6 × 10 cm).

Auch Dekor, Requisiten und individuelle Posen wurden rar. Sie fanden sich fast nur noch auf den großformatigen Bildern (Seite 41, 44, 45, 47), während bei den Karten – aus Zeitgründen – standardisierte Stellungen reichen mußten und das Ambiente – aus Kostengründen – meist unscharf gehalten oder auf einen neutralen Hintergrund reduziert war.

Am deutlichsten aber manifestierte sich das Preisgefälle in der Auswahl der Modelle. Wie im Bordell, wo die meisten von ihnen ihrem Hauptberuf nachgingen, begegnete man auf den verbotenen Bildern zwar Frauen aus dem ganzen Spektrum zwischen hübsch und häßlich, derb und elegant, versiert und unbeholfen, doch bestimmte letztlich der Geldbeutel, wofür man sich entscheiden konnte. Denn natürlich stiegen hier wie dort mit der Attraktivität der Modelle auch die Summen, die für ihren »Besitz« verlangt wurden.

Bisson Frères, 1859

Louis Camille d'Olivier, um 1855

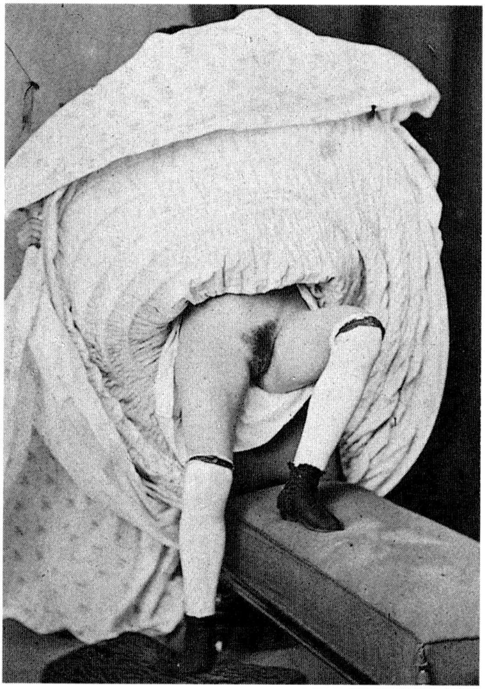

Anonyme Visitkarte, um 1865

Anonyme Kabinett-Karte, um 1880

Anonymer Albuminabzug, um 1880

Anonymer Albuminabzug, um 1880

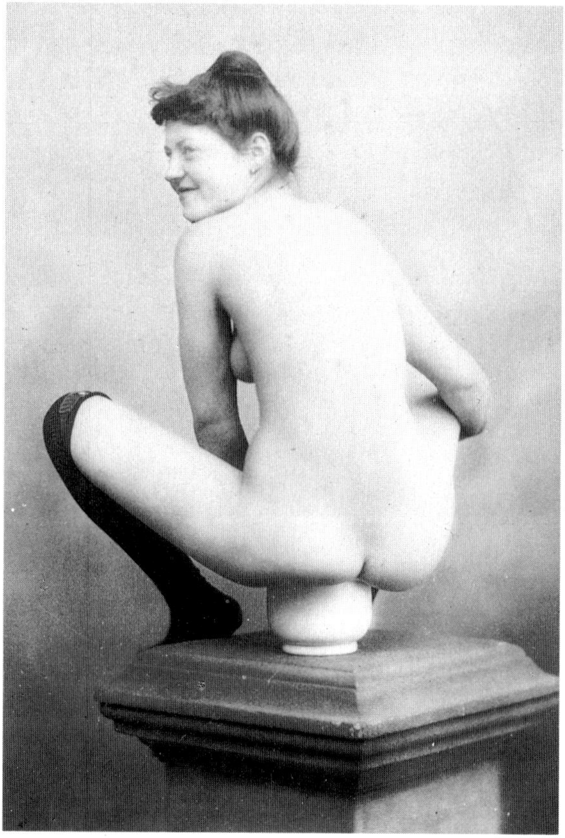

Anonyme Kabinett-Karte, um 1880

Anonyme Kabinett-Karte, um 1880

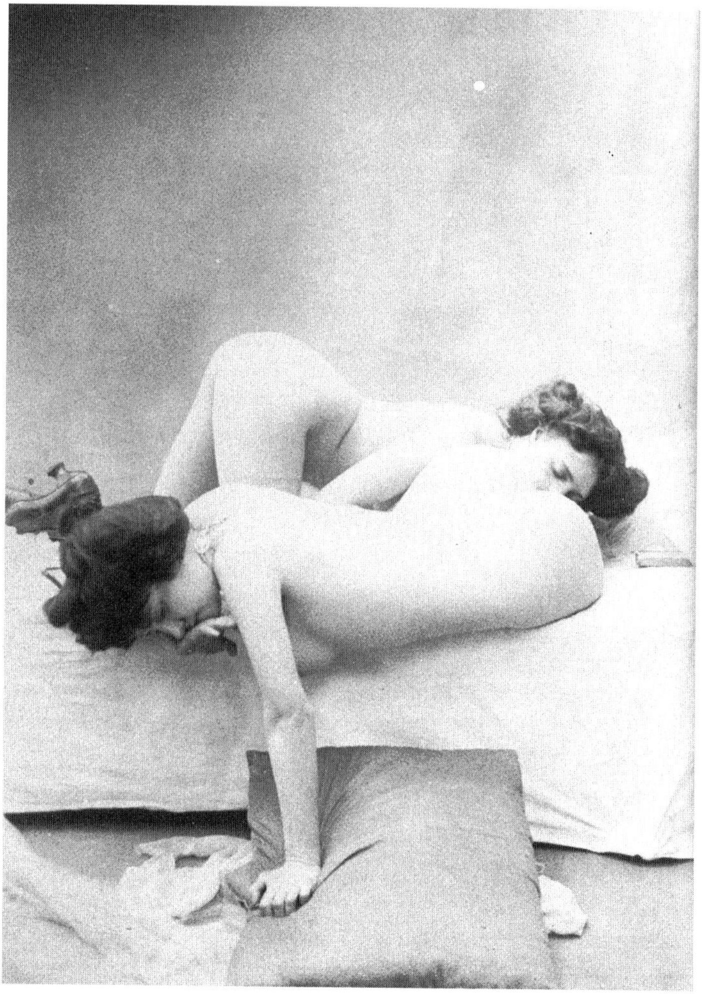

Anonymer Albuminabzug, um 1880

Anonymer Albuminabzug, um 1880

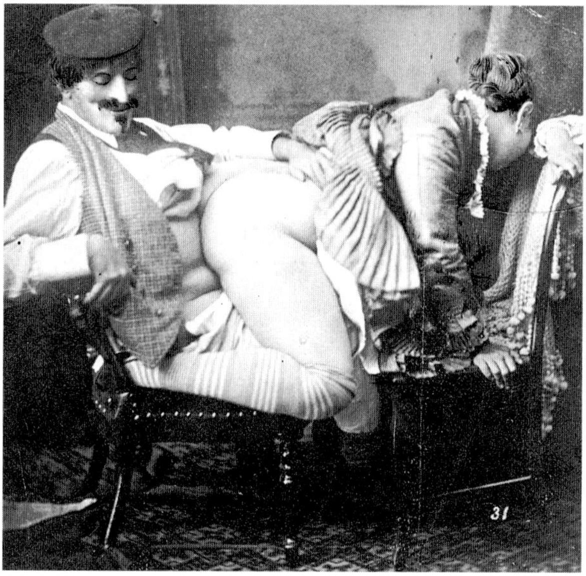

Anonymer Albuminabzug, um 1885

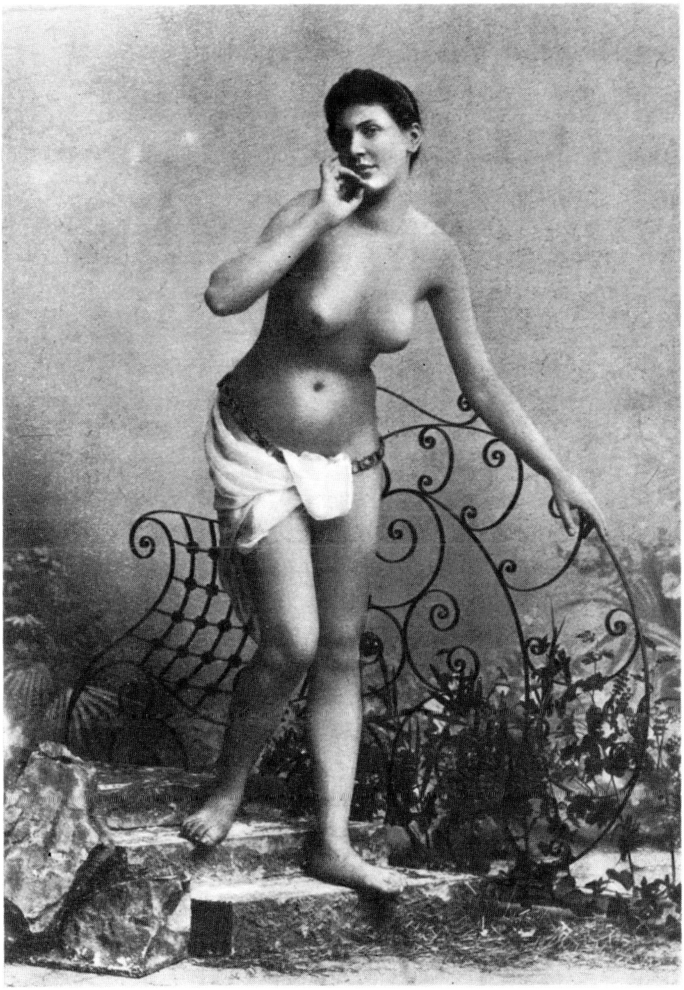

Anonymer Albuminabzug, um 1885

III

EDLE NACKTHEIT

Die charmanten Verführungen der Belle Epoque

1890–1918

Anne Brigman, 1908

Trotz der erwähnten Ausmaße, die der Handel mit Foto-Erotika von 1870 bis 1890 erreichte, bildeten diese Jahre nur den Anfang, das Vorspiel einer noch kräftigeren Expansion des Marktes um die Jahrhundertwende.

Bis dahin war das Kopieren der Aufnahmen Handarbeit gewesen. Jeder Abzug mußte einzeln angefertigt werden. Jetzt dagegen konnte man auch die Vervielfältigung der Maschine überlassen, da endlich ein Weg gefunden war, Fotos – mit Hilfe gerasterter Klischees – zu drucken, also in beliebiger Stückzahl aufzulegen. Und das problemlos, mit minimalem Aufwand und gleichbleibender Qualität.

Dank dieser technischen Neuerung ließen sich Aktbilder nun überall herstellen, so daß Paris seine Monopolstellung verlor. Mit weiteren Produktionszentren wie Wien, Budapest, Bukarest, Kairo, Barcelona, Buenos Aires und New York wurde das internationale Vertriebsnetz noch engmaschiger, das Angebot noch reichhaltiger und der Absatz daher noch reißender als zuvor.

Zudem erweiterten sich mit der Möglichkeit zum Bilderdruck auch die Vertriebsformen der Foto-Erotika. Zu den Originalabzügen diverser Formate kamen jetzt Zeitschriften, Mappenwerke und Bücher, vor allem jedoch die Bildpostkarte. Lieferte sie doch als weitaus billigste Vertriebsform – wegen ihrer Handlichkeit – zugleich die beste Voraussetzung für die gebotene Diskretion des Handels.

Um ihr geschäftliches Risiko noch weiter zu vermindern, suchten die Kartenverleger überdies, der Ware den Charakter eines *Kavaliersdelikts* zu geben, eines Vergehens, das die Behörden – bei gutem Willen – so lange dulden konnten, wie es sich in bestimmten Grenzen hielt.

Ausgesprochene Cochonnerien mußten daher weiter als Originalabzug erworben werden. Dafür boten die Postkarten der Jahrhundertwende aber den vollständigsten Fundus dessen, was überhaupt nur *pikant* erscheinen mag.

Sogar für den offenen Postversand hielt man geeignete Motive bereit – Reproduktionen nämlich von Aktgemälden und Skulpturen, die sich in Museumsbesitz befanden oder sich bei Salonausstellungen durch Auszeichnungen hervorgetan hatten.

Ähnlich unbedenklich waren auch die Aufnahmen *lebenden Marmors* – Karten, auf denen die Modelle in weißgepuderten Trikots populäre Motive der abendländischen Aktplastik vor Augen führten. (Seite 64)

Nähe zur Kunst zeigten schließlich auch jene Bade- und Naturszenen, die noch im Atelier – vor gemalten Prospekten – entstanden und mythologische Assoziationen wecken wollten. (Seite 54/55) Denn die wirklichen Freilichtaufnahmen widmeten sich schon Themen der unmittelbaren Gegenwart wie dem Strandbad und der Körperkultur.

Von seiten der Music Halls, Cabarets und Varietés erschloß sich dem pikanten Foto ein ganz neues Modell-Reservoir – die Stars und Sternchen der Boulevardbühnen. Sie posierten gut und gern für ihre Postkartenauftritte, mußten aber aus verständlicher Vorsicht noch in Trikots erscheinen, wenn ihr Name abgedruckt war.

Schon namentlich nackt posieren durften nur Männer wie Eugen Sandow und die übrigen Stars des Bodybuilding um 1900, weil ihre Figuren klassisch genug wirkten. Die weiblichen Aktsportstudien dagegen mußten – wie die übrigen offensichtlichen Pikanterien – mit anonymen Modellen arbeiten. (Seite 56)

Das bei weitem gefragteste Motiv freilich war auch auf Postkarten der indiskrete Blick ins Boudoir. Im Vergleich zu früher hatte sich das Posenrepertoire der Szenen indes kaum verändert. Die spätere Entstehungszeit verriet allein das Drumherum der Inszenierung. Denn ihm wurde jetzt wieder sehr viel mehr Aufmerksamkeit geschenkt, und zwar derart, daß Frisuren, Accessoires und Mobiliar der Aufnahmen allen Modetrends der Zeit getreulich folgten. (Seite 57, 61, 62)

Mehr noch als Postkartenverlegern mußte den Herausgebern von Büchern und Zeitschriften daran liegen, ihr Risiko zu begrenzen. Daher wagten sie sich nur an Bilder, deren Publikation ausdrücklich erlaubt war. Aufnahmen also, für die sich wissenschaftlicher oder künstlerischer Bedarf reklamieren ließ.

Daß bei dieser Beschränkung auch ihr Geschäft blühen konnte, verdankten sie nicht zuletzt zwei akademischen Fachrichtungen, die sich damals gerade etablierten: die Völkerkunde und die Sexualwissenschaft. Denn deren gemeinsames Interesse für die sexuellen Praktiken der Völker aller Zeiten versorgte Buch- und Zeitschriftenverlage nicht nur mit ausreichendem Nachschub an Manuskripten, die nach üppiger Illustrierung verlangten, sondern auch mit ausreichendem Schutz vor den Zugriffen der Zensur. Natürlich war einiges davon auch leicht durchschaubarer Etikettenschwindel. Begegnete man Titeln wie *Streifzüge im Reich der Frauenschönheit, Die Anmut des Frauenleibes* oder *Die Rasseschönheit des Weibes,* durfte man sicher sein, daß hier das wissenschaftliche Anliegen nur als Vorwand diente, um mild dosierte oder exotisch verbrämte Foto-Pikanterien in Umlauf zu bringen. (Seite 52, 53)

Gleiches gilt auch für die zahlreichen Bände und Mappenwerke »zum ausschließlichen Gebrauch von Künstlern«. Denn solche Etikettierung war zumeist vordergründige Tarnung, die den Zensor getäuscht haben mag, nicht aber die große Gemeinde der Freunde klassisch angehauchter Erotik. (Seite 60, 63)

Neben den antikisierenden Künstlerstudien gab es dann für Liebhaber *edler* Erotik noch ein zweites Sammelgebiet: die Aktaufnahmen der sogenannten *Kunstfotografie*.

Unter dieser Losung bemühte sich ab 1900 eine wachsende Schar ambitionierter Foto-Amateure um den Nachweis, daß Lichtbilder auch das Niveau »hoher« Kunst erreichen können, wenn man deren Technik entsprechend veredelt.

Als universellste Methode solcher Veredlung entdeckten sie die gezielte Bildunschärfe mittels Weichzeichnerlinse. Rief dies malerische Verfließen der Konturen doch mehr als jeder andere Effekt jene stimmungsvolle Aura poetischer Verklärung des Motivs hervor, die dem Zeitgeist bei Gemälden als Merkmal höchster Vollendung galt.

Außerdem widerlegte die Bildunschärfe der Kunstfotografen das alte Vorurteil, die Kamera sei nur zur anstößigen, da realistischen Darstellung des Körpers fähig. Denn durch Weichzeichnerlinsen ließ sich dieser jetzt auch im Lichtbild derart idealisieren, als sei er von Künstlerhand geschaffen.

Sollten die Aufnahmen museumswürdig sein, war trotzdem Vorsicht geboten und allem Skandalträchtigen tunlichst aus dem Weg zu gehen.

Deshalb mieden die Kunstfotografen jede Nähe zu der direkten Laszivität der Salonkunst ihrer Zeit und beschränkten sich auf die unverfänglichsten Themen für ihre Aktwerke – wie die kaum erwachte, unschuldige Sinnlichkeit junger Mädchen aus gutem Hause oder den sublimen Reiz von scheuen Nymphen in der freien Natur. (Seite 58, 59)

Atelier Lehnert & Landrock, um 1910

Anonyme Postkarte, um 1900

Anonyme Postkarte, um 1905

Anonyme Postkarte, um 1900

Anonyme Postkarte, um 1905

Anonyme Postkarte, um 1900

Robert Demachy, 1907

Frank Eugene, 1900

Anonyme Postkarte, um 1910

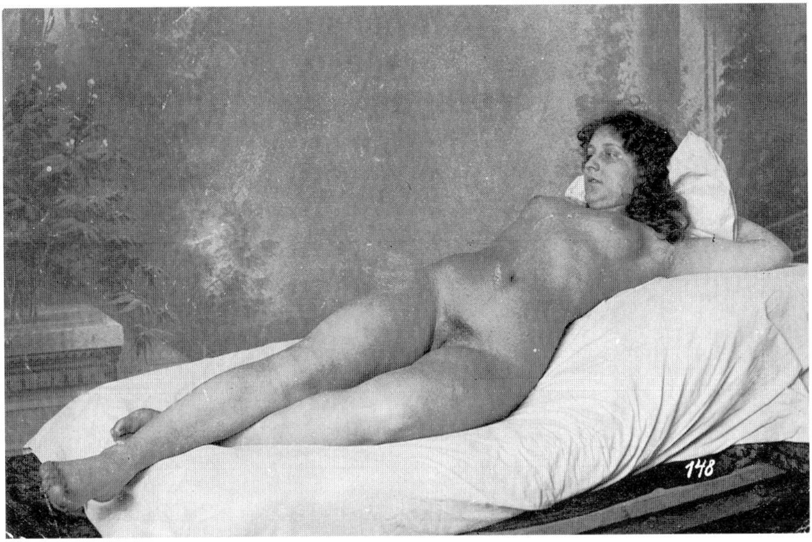

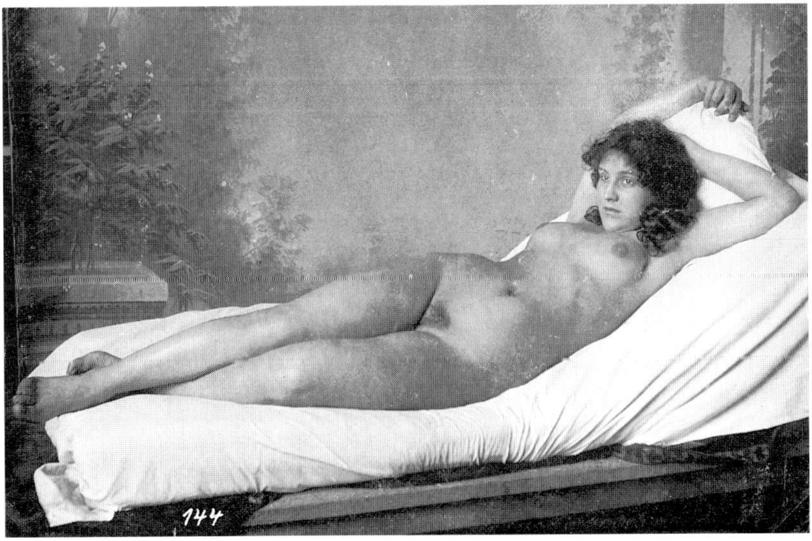

Anonyme Albuminabzüge, um 1900

Anonyme Postkarte, um 1910

Anonymer Albuminabzug, um 1900

Anonyme Postkarte, um 1900

Anonymer Albuminabzug, um 1910

Anonymer Albuminabzug, um 1910

Eugène Atget, um 1910

IV

SEX-APPEAL PLUS GLAMOUR-GLANZ

Die Modernisierung der weiblichen Reize zwischen den Weltkriegen

1918–1945

František Drtikol, um 1925

Im Rückblick markiert der Versailler Friede von 1918 weit mehr als das Ende des Ersten Weltkriegs. Mit ihm zerfiel eine ganze Werteordnung, die Kultur des Bürgertums, deren ursprünglicher Humanismus am Ende zur bloßen dekorativen Fassade verkommen war.

Nach der Katastrophe empfand man die Notwendigkeit einer radikalen Reform der öffentlichen Moral deshalb ebenso stark wie die der Neuordnung von Politik und Wissenschaft.

Zu den mutigsten dieser Reformbemühungen gehörte der Versuch, den Bereich des Sexuellen zu enttabuisieren. Wo Strafen, moralisierende Prüderie und schamhaftes Verdrängen die Beziehung der Geschlechter bestimmt hatten, sollte jetzt Vernunft vorherrschen. Auch im Sexual-Strafrecht.

Bei vielen Delikten, die man früher wie Kapitalverbrechen geahndet hatte, entfiel die Verfolgung jetzt ganz. Bei Nacktdarbietungen auf der Bühne etwa, der Freikörperkultur und dem Handel mit fotografischen Erotika, die nun – bei Einhaltung gewisser, liberaler Anstandsregeln – straffrei blieben. Zumindest in der Weimarer Republik, die auf diesen Gebieten Rechtsmaßstäbe für das übrige Europa setzte.

Für Aktaufnahmen waren die deutschen Anstandsregeln sogar bis ins Detail festgelegt. Danach wurden sie so lange geduldet, wie »der Körper veredelt oder in künstlerischen Rhythmus gebracht ist, das Licht nicht vorwiegend auf den erogenen Zonen ruht, die Stellung nicht die Schoßpartie betont und der Gesichtsausdruck geschlechtliche Unbefangenheit aufweist«.

Mit solchen Einschränkungen ließ sich prächtig leben. Zensur drohte ja nur dort, wo vollständige Nacktheit mit laszivem Posieren einherging; eine Kombination, auf die sich leicht verzichten ließ, da die komplette Entblößung ohnehin meist weniger pikant wirkt als die partielle.

Im Endeffekt bedeuteten die Einschränkungen also nur ein Verbot wirklicher, »harter« Pornografie – womit dem Vordringen von Aktfotos, inklusive der erotischen, in jede Art von Druckerzeugnis nichts mehr im Wege stand.

Die Produktion entsprechend bebilderter Bücher und Broschüren lief deshalb bald auf Hochtouren, und zwar in allen Preislagen bei Auflagen von mehreren zehntausend Exemplaren.

Mehr noch als Bücher und Broschüren aber wurden jetzt Zeitschriften zum primären Medium der Verbreitung von Aktaufnahmen.

Die weitgehende Freigabe dieser Bilder fiel nämlich mit zwei anderen Entwicklungen auf dem Pressesektor zusammen: der allgemeinen, rapiden Zunahme von Fotos in Zeitungen und Zeitschriften und dem Trend zur Ausrichtung der einzelnen Titel auf klar umrissene Zielgruppen. So daß das Spektrum der Bildpresse nach wenigen Jahren von den großen Familienillustrierten über Frauenjournale und Männermagazine zu spezialisierten Heften für alle möglichen Sonderinteressen reichte.

Und da man auch damals schon um die auflagensteigernde Wirkung des »gewissen Etwas« wußte, das man jetzt ohne Scheu öffentlich *Sex-Appeal* nannte, wollte keine dieser Zeitschriften ganz darauf verzichten.

Verfolgt man die Intensität der »erotischen Appelle« in den Zeitschriften der zwanziger Jahre von der Mini- zur Maximaldosierung, rangieren am unteren Ende der Skala naturgemäß die großen Illustrierten.

Sie mußten in jedem Fall jugendfrei bleiben und sich deshalb mit jenen partiellen Entblößungen begnügen, wie man sie bei leichtgeschürzten Revuegirls, in Freibädern und exotischen Kulturen antrifft.

Ähnlich die Frauenjournale. Überwiegend an die Damen der besseren Kreise adressiert, kam für sie nur so viel Nacktheit in Frage, wie die aktuelle Mode bei Roben und Dessous diesen Damen zugestand.

Ganz anders dagegen die zahllosen FKK-Periodika der Zeit. Sie durften nicht nur, sie mußten komplette Nacktheit zeigen – dabei aber jeden Anflug von Pikanterie zu vermeiden suchen, wenn sie den Prinzipien der Bewegung treu bleiben wollten.

Aus diesem Grund begegnet man auf ihren Bildern – falls überhaupt – nur höchst sublimiertem Sex-Appeal: der natürlichen Sinnlichkeit unbefangener, jugendlicher Nacktheit etwa oder dem kultivierten Eros der veredelten Nacktheit von »seelenvollen« Ausdrucksstudien und »künstlerischen« Tanzposen. (Seite 81)

Mit anderen Worten, die wirklich pikanten Aufnahmen mit offen zur Schau getragenem Sex-Appeal fanden die Interessierten vor allem in den auf ihre Wünsche ganz besonders zugeschnittenen Heften – den Männermagazinen.

Wie heute offerierten diese Magazine eine leichte, gleichwohl kräftig gewürzte Mischung aus Text- und Bildbeiträgen: pikante Kurzgeschichten, spannende Reisereportagen und indiskrete Hintergrundberichte einerseits und Foto-Erotika diverser Geschmacksrichtungen andererseits.

Die Aufnahmen aus der Welt des Theaters, von Cabaret-, Varieté- und Revuebühnen, stammten zumeist aus Paris, der Stadt, die bei allen Formen des gewerbsmäßigen Striptease in puncto Masse, aber auch Raffinesse noch immer führend war. (Seite 73)

Was die Film-Erotik betraf, gab Hollywood den Ton an. Um die Popularität ihrer Stars zu steigern, richteten die Traumfabriken extra Fotostudios ein mit dem Auftrag, den Stars auch außerhalb ihrer jeweils aktuellen Rollen zu einem möglichst publikumswirksamen Image zu verhelfen.

Dabei gelang eine erstaunliche Erfindung: der *Glamour-Look.* Erst sein opulentes, von mehreren Scheinwerfern gemeinsam erzeugtes Licht nämlich umgab die Stars mit jenem überirdisch wirkenden »Sternenglanz«, der ihren Namen wahrhaft rechtfertigte.

Gleichzeitig war der Glanz des Glamour-Lichts ein überaus potentes Mittel der Verführung. Denn der makellos schimmernde Teint, den er der Haut verlieh, entfaltete selbst bei geringen Mengen von Entblößung einen überaus erregenden Sex-Appeal.

Daher wurde der Glamour-Look, kaum erfunden, auch schon weltweit kopiert. Und – wegen seiner unvergleichlich erotisierenden Wirkung – für sämtliche Arten pikanter Fotografie adaptiert. Und dies, aus mehreren guten Gründen, mit den phantasievollsten Ergebnissen in Wien.

Wien besaß die Weltläufigkeit einer alten Metropole, Traditionen als Zentrum für Kunst, Theater und Mode und einen ausgeprägten Hang zum verfeinerten Lebensgenuß – genau das Klima also, das Fotografen und Modelle animieren konnte, Nacktheit mit konkurrenzloser Eleganz und so hinreißend beschwingt wie eine gute Operettenmelodie in Szene zu setzen. (Seite 82)

Wer die pikante Foto-Erotik der zwanziger Jahre allgemein charakterisieren will, dem werden neben der Operettenseligkeit Stichworte wie Jazztaumel, Cocktailstimmung und Champagnerlaune einfallen.

Ähnlich dem favorisierten Frauentyp der Zeit, dem burschikosen Flapper nämlich, der sich aller Korsetts entledigt hatte und seine frisch gewonnene Freiheit in vollen Zügen genoß, war diese Erotik vor allem eins: keß und frivol.

Dabei von einer unbekümmerten Lebensfreude wie die besten Momente jener »golden« genannten Ära, der der Schwarze Freitag von 1929 dann ein abruptes Ende bereitete.

Danach wurde offen gezeigte Lebenslust fast schon wieder sträflich. Denn wie alle sittenstrengen Zeiten bevorzugten die dreißiger Jahre wieder einen Frauentyp, der sich in den tradierten Bahnen weiblichen Rollenverhaltens bewegte – Wesen, in deren Erscheinung sich abermals kultivierte Schönheit mit dem ruhigen Reiz gezügelter Sinnlichkeit zum Ideal klassischer Femininität vereinen sollte.

Um akzeptabel zu bleiben, mußten die Fotografen ein ganz neues Inszenierungsrezept erfinden – den *kühlen Glamour*, mit passiven Posen, strengen Kompositionen und dramatischen Lichtkontrasten, die in Schatten tauchten, was jetzt besser unsichtbar blieb.

Aber auch hier verstand man es alsbald, aus der Not eine raffinierte Tugend zu machen. Denn es gelang, selbst die erlaubten Partien derart suggestiv auszuleuchten, daß schon ein Gesicht, ein Hals oder ein Rücken ebenso betörend wirkten wie früher die ganze Figur. (Seite 91, 93)

Daß die Freizügigkeit der Männermagazine in den dreißiger Jahren stark beschnitten war, bedeutete indes kein generelles Fehlen pikanterer Fotothemen zu dieser Zeit.

Sie mußten sich nur wieder auf diskretere Vertriebsformen zurückziehen – wie etwa die Postkarte.

Während der zwanziger Jahre waren Karten fast überflüssig geworden. Zumindest unterschied sich, was sie anzubieten hatten, kaum von den Pikanterien, die die Zeitschriften damals drucken durften.

Die Kartenverleger griffen in den dreißiger Jahren ihre letzte Chance auf, noch einmal groß ins Geschäft zu kommen. Und da sie mit diesen riskanteren Motiven ohnehin besser im geheimen handelten, wagten sie sich diesmal sogar an Themen »harter« Pornografie – darunter so ausgesprochene Tabubereiche wie Sadismus und Masochismus unter Partnern wechselnden Geschlechts –, die allerdings recht phantasievoll inszeniert wurden. (Seite 84, 89, 90)

So erlebten die dreißiger Jahre trotz ihrer Sittenstrenge am Ende noch ein Novum besonders pikanter Art: die Demonstration nämlich, daß sich auch pornografische Motive nicht nur derb und unästhetisch inszenieren lassen wie bisher, sondern – mit dem dazugehörigen (Pariser) Flair – auch recht spielerisch und witzig.

Anonyme Aufnahme, *Pariser Revuetänzerin,* um 1925

William Mortensen, um 1927

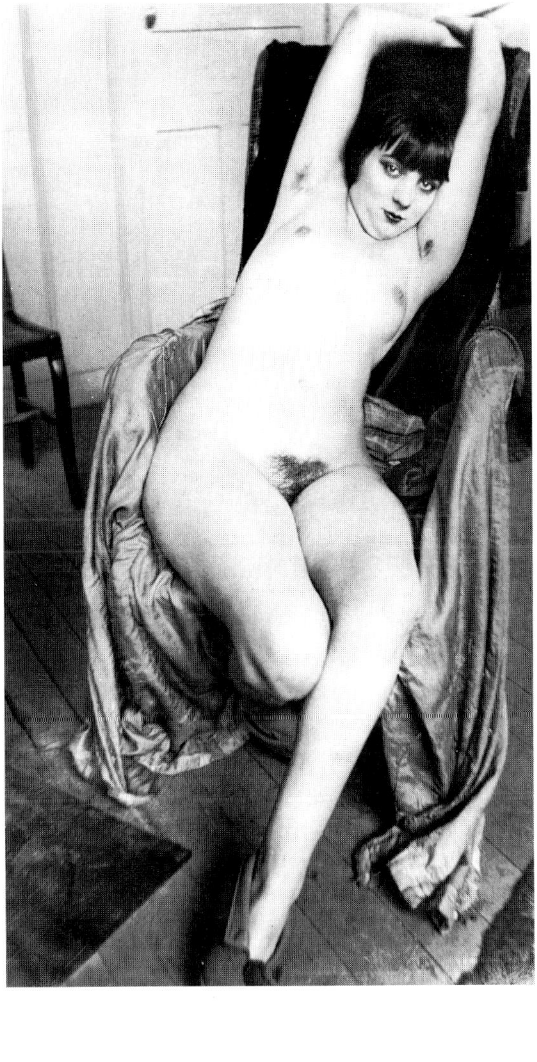

Man Ray, *Kiki de Montparnasse,* 1922

Atelier Bragaglia, *Roman Navarro in Ben Hur,* um 1925

Studio Manassé, um 1925

Anonyme Postkarte, um 1925

Anonyme Postkarte, um 1925

Anonyme Postkarte, um 1925

Hilde Meyer-Kupfer, um 1930

Studio Manassé, um 1935

Paul Outerbridge, um 1936

Anonyme Postkarte, um 1925

Anonyme Aufnahme, um 1930

Anonyme Aufnahme, um 1930

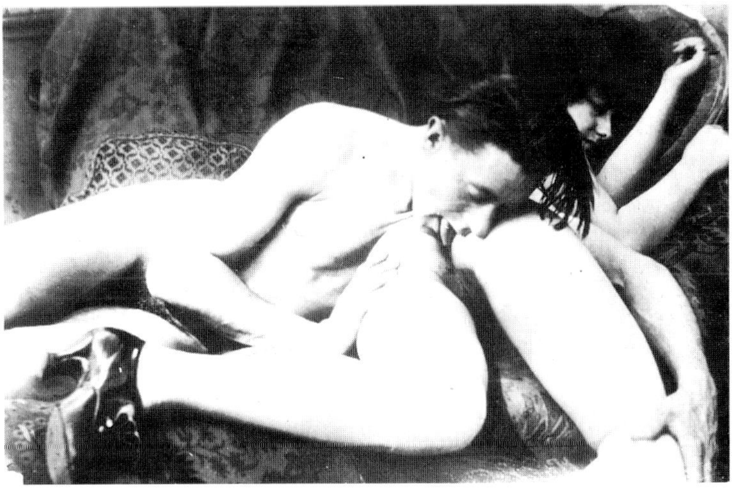

Anonyme Aufnahme, um 1930

Anonyme Aufnahme, um 1925

Anonyme Postkarte, um 1930

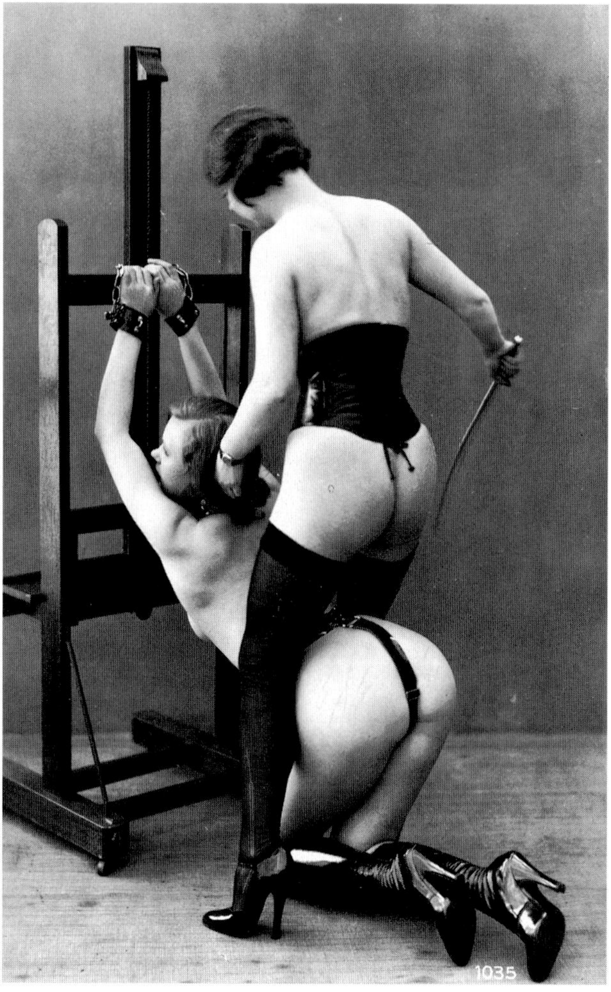

Anonyme Postkarte, um 1930

Studio Manassé, *Lil Dagover,* um 1935

Murray Korman, *Marion Martin,* um 1935

Frank Powolny, *Betty Grable,* 1943

V

PIN-UPS & PLAYMATES

Die Lustobjekte der Nachkriegszeit

1945–1968

Anonyme Aufnahme, um 1955

Auch in den zwei Jahrzehnten nach dem Zweiten Weltkrieg fiel die öffentliche Moral von einem Extrem ins andere.

Hatte sich das Moralklima zwischen den Kriegen von der emanzipierten Freizügigkeit der zwanziger Jahre bis zur Restauration traditioneller Vorstellungen öffentlichen Anstands in den Dreißigern verändert, so verlief die Entwicklung nach 1945 genau umgekehrt: von engherziger Sittenstrenge in den fünfziger Jahren hin bis zur »sexuellen Revolution« der Sechziger.

Während der Moralkonservatismus der fünfziger Jahre aus der Mentalität des *kalten Krieges* erwuchs, resultierte die sexuelle Permissivität der Sechziger aus dem Übergang von der *Industrie-* zur *Konsumgesellschaft* in den hochentwickelten Staaten der westlichen Welt.

Im Zeichen der Konfrontation mit dem Osten galt es, die Überlegenheit der »freien Welt« zu demonstrieren, nicht nur ökonomisch, sondern auch ethisch. Und das führte im Westen zu einer paradoxen Situation.

Einerseits stellte man die Freiheit zur Selbstverwirklichung als besonderen Vorzug westlicher Demokratien heraus. Doch gleichzeitig verordneten diese Demokratien ihren Bürgern einen Sittenkodex, dessen Strenge einem Rückfall in die Tage obrigkeitsstaatlicher Bevormundung gleichkam.

Überdies stand solch viktorianische Prüderie bald auch im Widerspruch zu den ökonomischen Realitäten im Westen. Bis zum Ende der fünfziger Jahre hatte die Warenproduktion hier nämlich ein Volumen erreicht, das ernsthafte Absatzschwierigkeiten heraufbeschwor. Sollte das Wirtschaftswunder anhalten, mußte auch der Konsum beständig wachsen. Was nur gelingen konnte, wenn wachsender Konsum nicht länger als Verschwendung galt, sondern positiv, als Zunahme von Lebensqualität, empfunden werden durfte.

Sobald eine Gesellschaft aber den Lebensgenuß propagiert, muß sie ein Körpergefühl aufwerten, das den nackten Körper als Quelle sinnlich-erotischen Vergnügens zuläßt, ohne den Betrachter Gewissensqualen auszusetzen. Mit anderen Worten: Sollte die Konsumgesellschaft funktionieren, mußte auch die Freiheit sexueller Selbstverwirklichung zugestanden werden.

Wo moralische Aufrüstung verordnet ist, hat das Aktfoto einen schweren Stand. Seinem Spielraum sind dann besonders enge Grenzen gesetzt.

So nahm die Aktfotografie der fünfziger Jahre einmal mehr Zuflucht zur unverfänglichsten Darstellung von Nacktheit, der Körperstudie mit statischen oder tänzerischen Posen ohne Dekor, Requisiten und Lichtregie, die den Körper zwar zum Greifen plastisch modellierte, aber seltsam starr und leblos erscheinen ließ – als hätten Skulpturen oder Puppen vor der Kamera gestanden. (Tafel 94, 102)

Alles Gewagtere mußte auf ein neues Jahrzehnt mit verändertem Zeitgeist warten. Aber auch dann reichte der Spielraum nur für Sujets mit sehr verhaltenem Sex-Appeal. Denn die Auswirkungen der »sexuellen Revolution« auf das Aktfoto machten sich erst vollständig am Ende der sechziger Jahre bemerkbar. Bis dahin mußte man sich mit Inszenierungen voll träumerischer Unschuld, naiver Koketterie und jungmädchenhaftem Charme begnügen. Aufnahmen also, die man wohl bezaubernd finden, doch schwerlich animierend nennen konnte. (Seite 106)

Bei der Kunstnähe, die sie wohl oder übel kultivieren mußten, konnten »erotische« Fotos der eben beschriebenen Art, wenn überhaupt, nur den gehobenen Geschmack zufriedenstellen. Wer Zeitschriften beliefern wollte, mußte sich ganz andere Inszenierungseffekte mit weit unverhohlenerem Sex-Appeal einfallen lassen.

Der Forderung nach demonstrativer Erotik zu entsprechen, ohne die strengen Moralvorschriften der Zeit zu verletzen, kam zwar einer Quadratur des Kreises gleich; dennoch war die Formel, mit der man sich aus der Affäre zu ziehen verstand, denkbar einfach: Mehr suggerieren als wirklich zeigen.

Die erfolgreichste Variante dieses Versteckspiels erreichte ihre Wirkung schon mit einfachsten Mitteln wie Blusen und Pullovern. Allerdings hatten die es dann im wahrsten Sinne des Wortes in sich. Denn unter ihnen wölbten sich Rundungen von enormer Fülle in atemberaubenden Umrißlinien.

Da sich derart wohlverpackter Sex-Appeal praktisch überall als Blickfang nutzen ließ, machte sich ein wahrer Busenkult breit, den Hollywood mit einem neuen Typ Filmidol krönte: der *Sexbombe*, deren durchschlagender Erfolg einzig auf ihren ausladenden Formen beruhte.

Die Blütezeit dieser Spezies Traumfrau war indes nur von kurzer Dauer und zu Ende, als die sechziger Jahre mehr Gefallen an den Reizen schlanker, schmiegsamer Sex-Kätzchen fanden – eine Entwicklung, deren aktueller Stand in Deutschland allwöchentlich von den Titelseiten der großen Illustrierten abzulesen war.

Innerhalb des engen Spielraums des erotischen Fotos in der Nachkriegszeit hatten Männermagazine, soweit sie überhaupt existieren konnten, kaum Aufregendes zu bieten. Mit einer Ausnahme freilich: dem ab 1953 erscheinenden *Playboy*.

Ob er die fünfziger Jahre trotz oder wegen seiner Außenseiterrolle überlebte, ist schwer zu sagen. Jedenfalls besaß er ein Konzept, das ihn von der Konkurrenz deutlich unterschied.

Männermagazine hatte es seit den zwanziger Jahren gegeben. Doch keins hatte reuelose Lebenslust derart offensiv propagiert, wie es der *Playboy* dann tat. Nach seiner »Philosophie« war auch Sex nichts Peinliches oder gar Sündhaftes, dessen man sich schämen mußte; vielmehr etwas ganz Normales und Gesundes, das man ebenso ungehemmt bereden und genießen sollte wie alle anderen Lebensfreuden.

Das aufklärerische Engagement, mit dem er sein Anliegen vertrat, machte den *Playboy* rasch zu einer festen Institution in Fragen öffentlicher Moral und, über die Jahre, zu einem der einflußreichsten Vorkämpfer der »sexuellen Revolution«, die von ihm die nötigen populären Argumentationshilfen bezog.

Zudem wartete er mit dem Beweis auf, daß explizit erotische Fotografie nicht unbedingt anstößig sein muß. So mied der *Playboy*, seiner Philosophie des sauberen Sex entsprechend, den pikanten, leicht anrüchigen Pin-up-Stil der Konkurrenz und offerierte als *Playmates* keine professionellen Modelle, sondern ganz normale »Mädchen von nebenan«, die bei aller Direktheit der Posen doch einen Rest erotischer Unschuld bewahrten, weil sie sich hier das erste Mal hüllenlos präsentierten. (Seite 104, 107, 109)

Das Rezept schützte den *Playboy* tatsächlich vor den meisten Beanstandungen, rief aber auch zahllose Nachahmer auf den Plan. Ähnlich erfolgreich war indes nur einer, das Magazin *Penthouse* aus England, das 1965 erstmals erschien. Es erreichte die Auflage von vier Millionen Exemplaren, für die der *Playboy* zehn Jahre gebraucht hatte, schon in knappen fünf Jahren, konnte den *Playboy* als Marktführer jedoch nie verdrängen. Es mußte sich mit dem Ruhm eines Trendsetters begnügen; denn im Vergleich mit den *Playmates* pflegten die *Penthouse-Pets* allmonatlich mit dem lasziveren Charme und den etwas riskanteren Posen aufzuwarten.

Willi Ronis, um 1950

Anonyme Aufnahme, um 1950

André de Diènes, um 1955

Peter Basch, um 1959

Willi Gasche, um 1960

Ruth Bernhard, um 1962

Anonyme Aufnahme, um 1960

Lawrence Schiller, *Marilyn Monroe*, 1962

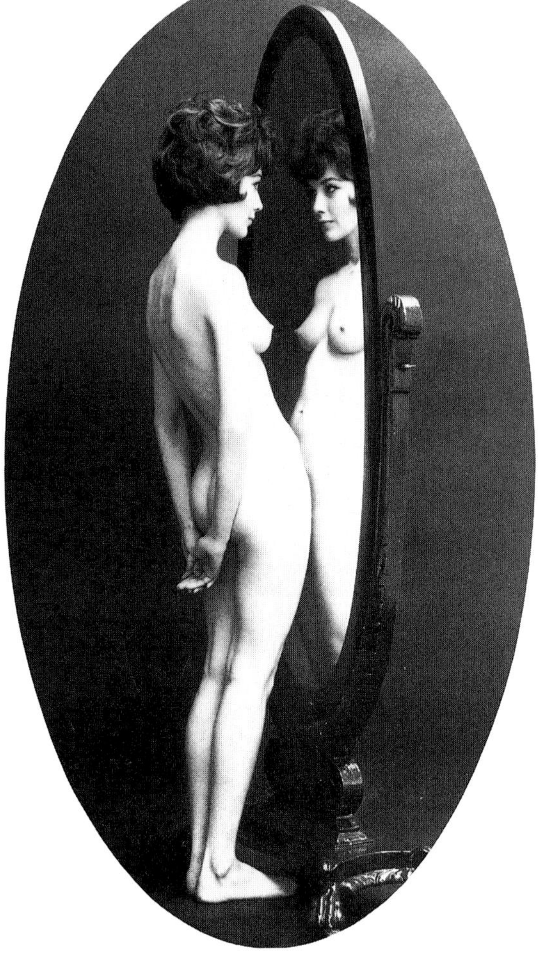

Wingate Paine, 1965

Anonyme Aufnahme, um 1968

Mario Casilli für *Playboy*, Jo, 1965

Peter Gowland für *Playboy,* Deanne, 1968

VI

NACH DER SEXUELLEN REVOLUTION

Die Foto-Erotik im Zeitalter ihrer grenzenlosen Freizügigkeit

1968–1990

Stephen Hicks für *Penthouse, Kirsten,* 1988

In der Geschichte der erotischen Fotografie gehört der in diesem Kapitel behandelte Zeitraum zu den kreativsten, der an Vielfalt nur mit der Ära der Daguerreotypie, als man das Genre erfand, und den zwanziger Jahren, als es sich größter Freizügigkeit erfreute, vergleichbar ist.

Für den Innovationsschub der späten sechziger Jahre sorgten vor allem äußere Umstände, insbesondere die Protestbewegung der Jugend, die in puncto Sexualmoral ein völlig verändertes Zeitklima schuf.

Ob erotisches Outfit, sinnliche Körpersprache, offener Austausch von Zärtlichkeit, schamfreie Nacktheit oder ungezwungenes Reden über und häufiger, reueloser Genuß von Sex, selbst vor der Ehe und mit wechselnden Partnern – das lustbetonte Verhalten, das sich anfangs nur kleine Minderheiten wie Beatniks und Hippies als demonstrative Mißachtung herrschender Konventionen erlaubt hatten, avancierte – dank ausführlicher Berichterstattung in den Medien – rasch zur Norm einer jugendlichen »Alternativkultur« in großen Teilen der westlichen Welt. Und wurde dann ebenso schnell zur weitverbreiteten Mode auch unter »progressiven« Erwachsenen.

Ihren Höhepunkt erreichte diese »sexuelle Revolution« zwischen 1968 und 1975, zumindest in der Bundesrepublik; wobei das Jahr 1968, ob seiner massierten Sexualreports quer durch sämtliche Medien, den Beginn jener allgemeinen Akzeptanz der »neuen« Moral markiert, die 1975 mit der gesetzlichen Freigabe der Pornografie ihren spektakulären Abschluß fand.

Danach hatten staatliche wie gesellschaftliche Toleranz ein Maß erreicht, das kaum zu überbieten war. Mit dem Resultat, daß Sex und Erotik – nunmehr vollends enttabuisiert und damit entzaubert – zu einer Alltäglichkeit wurden, einem Freizeitvergnügen wie jedes andere, leicht erreichbar, vielfältig im Angebot und im Genuß garantiert gefahrlos.

Kritik an dieser schier grenzenlosen Permissivität kam zwar auf, blieb aber ohne großes Echo, denn die überwiegende Mehrheit der Bevölkerung war mit dem Stand der Dinge durchaus einverstanden.

Konzertierte Aktionen, solch ungehemmte Lust wieder zu verteufeln, gab es erst nach 1982, als die neugewählte Regierung Kohl der politischen eine geistig-moralische Trendwende folgen lassen wollte. Doch außer einer gewissen Verunsicherung in den Medien, welches Maß an Freizügigkeit den beamteten Tugendwächtern jetzt zuviel sein könnte, zeitigte auch diese Kampagne keine nennenswerten Erfolge.

Ehe der *Stern* besorgt fragen konnte »Werden die Deutschen prüde?«, mußten sich zum konservativen Politklima noch andere, soziale Trends gesellen. Aber das ist schon Thema des nächsten und letzten Kapitels.

Auffälligstes Indiz, daß eine »sexuelle Revolution« stattgefunden hatte, war neben den Gewagtheiten der Kleidermode wie Minirock und Hot pants die Freizügigkeit, mit der die Printmedien jetzt Nacktheit präsentierten. Ganz gleich, welcher Rahmen, ob Buch, Zeitschrift, Prospekt, Plattencover, Poster oder anderes, ein Anlaß, mit knapp oder gar nicht bekleideten Körpern aufzuwarten, ließ sich immer finden. Sogar in der Werbung, die ja einem Trend erst folgen darf, wenn sie sicher sein kann, daß er vollkommen akzeptiert ist und keine Kontroversen mehr auslöst.

Dem sprunghaft gewachsenen Bedarf an erotischen Aktmotiven begegneten die Kameraberufe mit weiterer Spezialisierung. Bald gab es den »Mädchenfotografen« als ausgesprochenen Fachmann für derartige Sujets. Er war meist Foto-Designer – also diplomiert in der Kunst, Konsumartikeln zur absatzfördernden Aura verlockend schönen Scheins zu verhelfen.

Alles, was er dabei an Aufwand und Raffinessen entwickelt hatte, übertrug er nun auf die ästhetische Vervollkommnung der Foto-Erotik. Opulente Aufnahmetechnik, elegante Interieurs oder exotische Ferienparadiese als Kulisse, makellose Modelle, perfektes Bodystyling und dergleichen Luxus mehr wurden von der Ausnahme zur Regel. Das vervielfachte zwar die Produktionskosten der Foto-Erotik, erwies sich aber – angesichts stetig steigender Auflage- und Absatzzahlen – als durchaus sinnvolle Investition. Parallel zur Spezialisierung hinter der Kamera etablierte sich auch der neue Berufszweig des professionellen Fotomodells. Wie die Fotografen kamen diese gutbezahlten Mädchen mit Idealfigur überwiegend aus der Werbung. Irgendwelche Ängste, ihren guten Ruf durch Aktaufnahmen aufs Spiel zu setzen, brauchten sie aber nicht zu haben. Im Gegenteil – nicht selten machten erst solche Aufnahmen ihren Körper derart populär, daß sie – Traum aller Fotomodelle – zum Film verpflichtet wurden.

Obwohl das fotografische Akt-Design jetzt kaum mehr angefochtene öffentliche Zustimmung genießt und – dank seines perfekten Glamour-Stils – das Niveau eines Kunstgewerbes erreicht hat, kann kein Zweifel daran bestehen, daß die Absicht, die es verfolgt, eine altbekannte ist: Vorlagen zu liefern für erotische Männerphantasien. In diesem Sinn ist der Mädchenfotograf zwar eine neue Erscheinung, er erfüllt aber genau dieselbe Funktion wie die Hersteller pikanter Motive zu früheren Zeiten.

Hierbei genießt er freilich den großen Vorteil, an keine der bisherigen Vorsichtsmaßnahmen mehr gebunden zu sein und selbst die ausgefallensten Inszenierungsideen verwirklichen zu können.

Mit dem Eintritt in die Ära seiner (fast) grenzenlosen Freizügigkeit um 1970 war die Entwicklung des erotischen Fotos aber auch an einem Punkt angelangt, der keine wahren Fortschritte und keine wirklichen Neuerungen mehr zuließ. Was man von nun an als Neuigkeiten erlebte, waren nur scheinbare Innovationen; ein dauernder Wechsel von Themen und Inszenierungsmoden, der vor allem dazu diente, der Übersättigung und der Langeweile vorzubeugen, die sich so leicht einstellen, wenn alles möglich und legal geworden ist.

Angesichts der Fülle modischer Trends, die im Grunde nebeneinander existierten, um des Anscheins ständiger Abwechslung willen aber mal mehr und mal weniger stark propagiert wurden, seien hier nur die fünf wichtigsten erwähnt: die romantische, die natürliche, die surreale, die bizarre und schließlich die klassische Spielart der Foto-Erotik.

Die sanfte Sinnlichkeit *romantischer* Foto-Erotik lebt von der Erinnerung an vergangene Zeiten, Momente zarter Gefühle, wenn die ersten, noch unschuldigen Zeichen erwachender Sexualität sich regen. Nostalgisch angehaucht, zeigt diese Fotografie ihre stimmungsvollen Szenen wie in einem alten Spiegel – bewußt unscharf, voll zerfließender Konturen, mit jungmädchenhaften, der Pubertät gerade erst entwachsenen Modellen und Requisiten wie zur Jahrhundertwende, als sich Erotik öffentlich nur auf die verhaltene Weise äußern durfte, die das romantische Aktfoto jetzt imitiert. (Seite 118, 119)

Eng mit ihm verwandt ist ein zweiter Haupttyp des erotischen Lichtbilds, die Darstellung *natürlichen* Charmes. Wie das romantische Aktfoto nimmt sie Urlaub vom zeitgenössischen Alltag. Nicht jedoch in Form historischer Kostümierung, sondern an Orten fern zivilisatorischen Getriebes, in Umgebungen, die irgendwo zwischen dem Ländlich-Rustikalen und Abenteuerlich-Exotischen liegen, in jedem Fall aber den Traum vom einfachen Leben in der Natur suggerieren, wo man seinen animalischen Bedürfnissen vorbehaltlos frönen und Nacktheit als den selbstverständlichen Urzustand des Menschen genießen darf. (Seite 117)

Als das Publikum der simplen Freuden romantischen und natürlichen Sex-Appeals schließlich überdrüssig wird und – gegen Mitte der siebziger Jahre – nach raffinierteren Lusterfahrungen verlangt, bieten die nächsten beiden Typen des erotischen Fotos, das surreale und das bizarre, ein willkommenes Kontrastprogramm. Entführen sie doch geradewegs in die entgegengesetzte Richtung, ins Reich des Künstlichen und Dekadenten.

Dabei gleicht das Geschehen in *surrealen* Aufnahmen visuellen Rätseln. Denn die Gesetze der Logik und des Wahrscheinlichen sind hier aufgehoben, ersetzt durch das freie Spiel der Phantasie. Menschen können sich in Tiere verwandeln und umgekehrt; Dinge des Alltags mutieren zu fetischistischen Kultobjekten oder entfalten ein verblüffendes Eigenleben – ganz so, als betrachte man die mysteriösen Sequenzen eines Traumes. (Seite 121, 122, 123, 124)

Die Grenzen der Realität überschreitet auch das *bizarre* Aktfoto, und zwar in Richtung des verschwiegensten Bereichs der Erotik – dorthin, wo man der lesbischen Liebe begegnet, wo Sex als Gruppensport betrieben wird, wo Lust an Leder, Fesseln, Peitschen und Klistieren herrscht sowie das Verlangen nach Unterwerfung oder Dominanz. Dies ist der geheimnisvolle Bereich der sogenannten Perversionen, die legal abzubilden der Kamera erst seit 1975 erlaubt ist. (Seite 130, 131)

In gleicher Distanz zum Natürlichen wie zum Dekadenten ist schließlich die Welt des *klassischen* Sex-Appeals angesiedelt, der letzten Spielart von Foto-Erotik, die hier erwähnt sein soll.

Klassisch kann bei ihr zweierlei sein. Zum einen das Körpermaß der Modelle – wenn es (durch Bodybuilding) der wohltrainierten Athletik antiker Bildwerke nahe kommt. (Seite 128, 129) Zum anderen die Inszenierung – wenn sie nach dem Rezept des kühlen Glamours der dreißiger Jahre auf statuarische Posen und formstrenge Kompositionen in einfachem Schwarzweiß setzt. (Seite 133, 143)

Nach bisheriger Erfahrung signalisierte die Popularität beider Formen des Klassischen eine eher konservative Grundstimmung in Fragen der Moral. Nicht so in den achtziger Jahren, als beide erneut in Mode kamen. Jetzt dienten sie vor allem der Erholung vom Übermaß praller Farbigkeit und dekadenter Motive. Als eine Art visueller Diät, von der sogar die Männermagazine Gebrauch machten, denen man ansonsten Rücksicht bei der Dosierung von Sex-Appeal kaum nachsagen konnte.

Bei den Aufnahmen dieser Hefte kannten die Pets und Playmates nämlich auch weiterhin keinerlei Hemmung, der Kamera selbst ihre intimsten Reize zur völlig ungehinderten Inspektion freizugeben (Seite 134–141).

Wie lange derartige Schauspiele als strafwürdige Verletzungen des guten Geschmacks gegolten hatten – unretuschierte Schamhaare beispielsweise bis 1970 und sichtbare Vaginallippen bis 1975 –, war längst vergessen. Und ein Rückfall in diese »seltsamen« Zeiten schlicht undenkbar.

Mehr als die angedeuteten »Fortschritte« der Pet- und Playmate-Fotografie seit den Tagen der »sexuellen Revolution« mußte deshalb die öffentliche Reaktion auf das allmonatliche Kunststück der Centerfolds verwundern, die exhibitionistische Grundtendenz aller Foto-Erotik lustvoll auf die Spitze zu treiben. Man gewöhnte sich schnell und fand nichts Anstößiges mehr daran. Wo sich öffentlicher Widerstand dagegen regte, war es ein punktueller, der nichts am Lauf der Dinge änderte. So ist es auch der Frauenbewegung nie gelungen, zumindest den weiblichen Teil der Bevölkerung gegen das Geschäft mit Fotos zu mobilisieren, die sie als sexistische Erniedrigung empfindet. Im Gegenteil.

Wie die Männermagazine aus langjährigen Marktanalysen zu wissen glauben, wächst der Anteil ihrer Leserinnen nämlich ständig. Was die Vermutung stärkt, daß die bisherige Aversion der Frauen gegen allzu explizite Foto-Erotik wohl eher anerzogen wurde und sich jetzt – wie viele andere geschlechtsspezifische Klischees – gründlich zu wandeln beginnt.

Träfe dies wirklich zu, so wäre wohl auch die Zeit nicht mehr fern, wo die Feststellung, Foto-Erotik sei primär Männersache, sprich: ausschließlich von Männern für Männer gemacht, der Vergangenheit angehört. Anzeichen dafür, daß Frauen sich vom »Objekt der Begierde« zu deren Subjekt emanzipieren, sich also nicht nur begehren lassen, sondern auch aktiv begehren möchten, hat es während der achtziger Jahre jedenfalls genug gegeben. Ob das freilich zu einer besonderen Spielart der Foto-Erotik führen wird, die allein auf den weiblichen Blick und dessen Vorlieben zugeschnitten ist, bleibt noch abzuwarten. Auf ein Beispiel, wie weibliche Wünsche das erotische Foto verändern, kann indes bereits verwiesen werden – die erstaunliche Karriere des männlichen Körpers in der zeitgenössischen Werbefotografie. Sein erstes unbekleidetes Auftreten 1967 mutete noch recht verschämt an. (Seite 116) Mittlerweile aber präsentiert auch das männliche Fotomodell sich hemmungslos in Posen, die es als unzweideutiges Lustobjekt erscheinen lassen. (Seite 120, 130, 150, 151) Dies gilt natürlich ebenso für die übrigen Spielarten der Foto-Erotik.

Jean-François Bauret für *Sélimaille,* 1967

Christian von Alvensleben für *Fuji,* 1972

David Hamilton, 1969

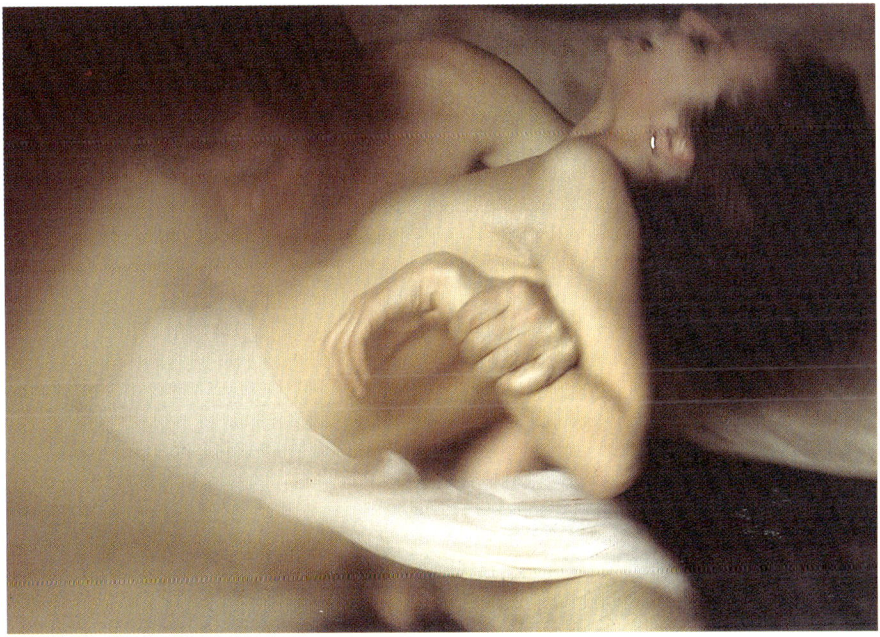

Tana Kaleya, 1976

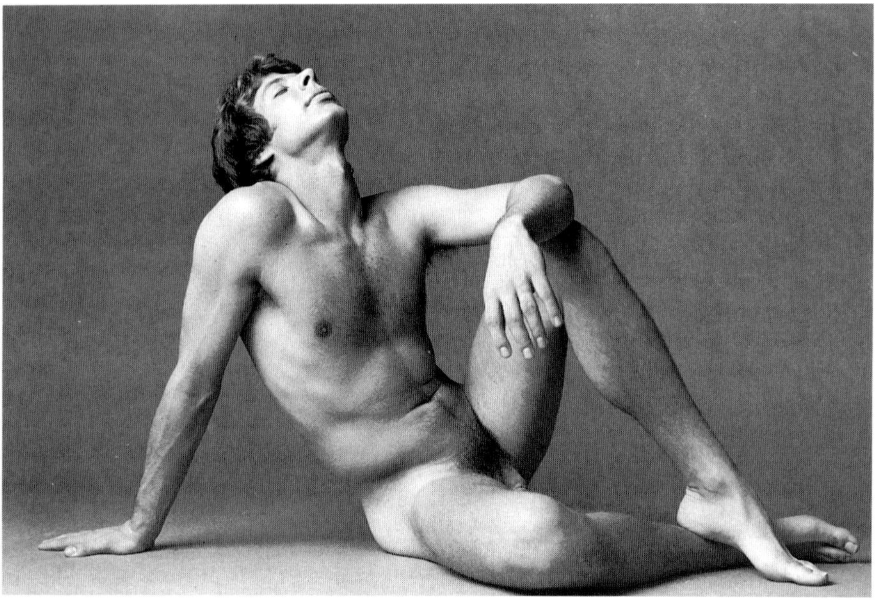

Ron Blakey, um 1973

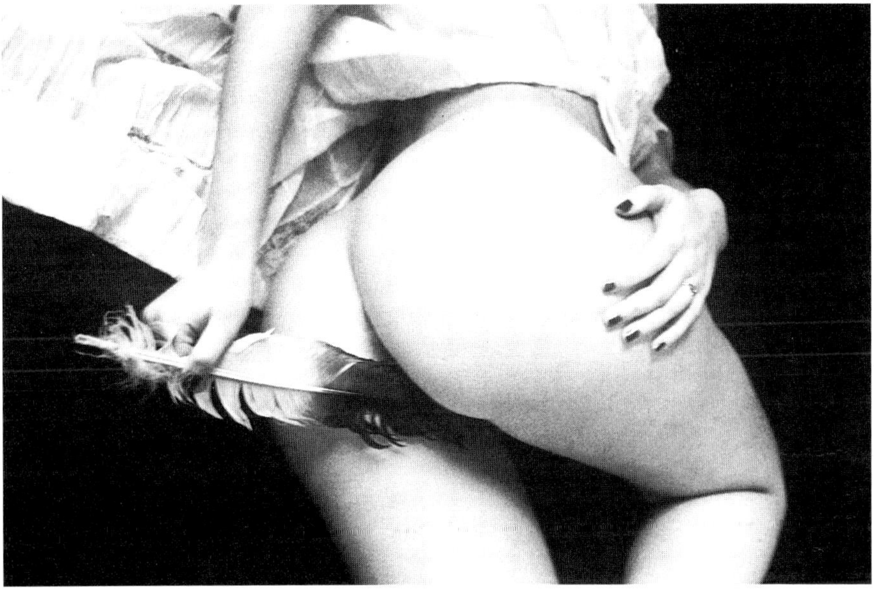

Ralph Gibson, 1974

Karin Szekessy, 1977

Gerhard Vormwald, 1978

Vera Lehndorff und Holger Trülzsch, 1971

Jeff Dunas, 1975

André Gelpke, 1976

Charles Gatewood, 1977

Herbert Hesselmann, 1978

Robert Mapplethorpe, *Lisa Lyon,* 1981

E. J. Camp, *Billy Idol,* 1984

André Berg, 1982

Ingolf Thiel für *Playboy, Uschi,* 1982

John Swannell, 1990

Ed Holzman für *Penthouse, Audrey,* 1983

Stan Malinowski für *Penthouse, Judy,* 1984

Suze Randall für *Penthouse, Brittany,* 1987

Oben: Stephen Hicks für *Penthouse, Brittany,* 1985
Unten: Grant Edwards für *Playboy, Nini,* 1976

Bob Guccione für *Penthouse, Linda,* 1983

Peter Weissbrich für *Playboy, Christine,* 1978

Anny Freytag für *Playboy, Susie,* 1988

Klaus Wickrath, um 1986

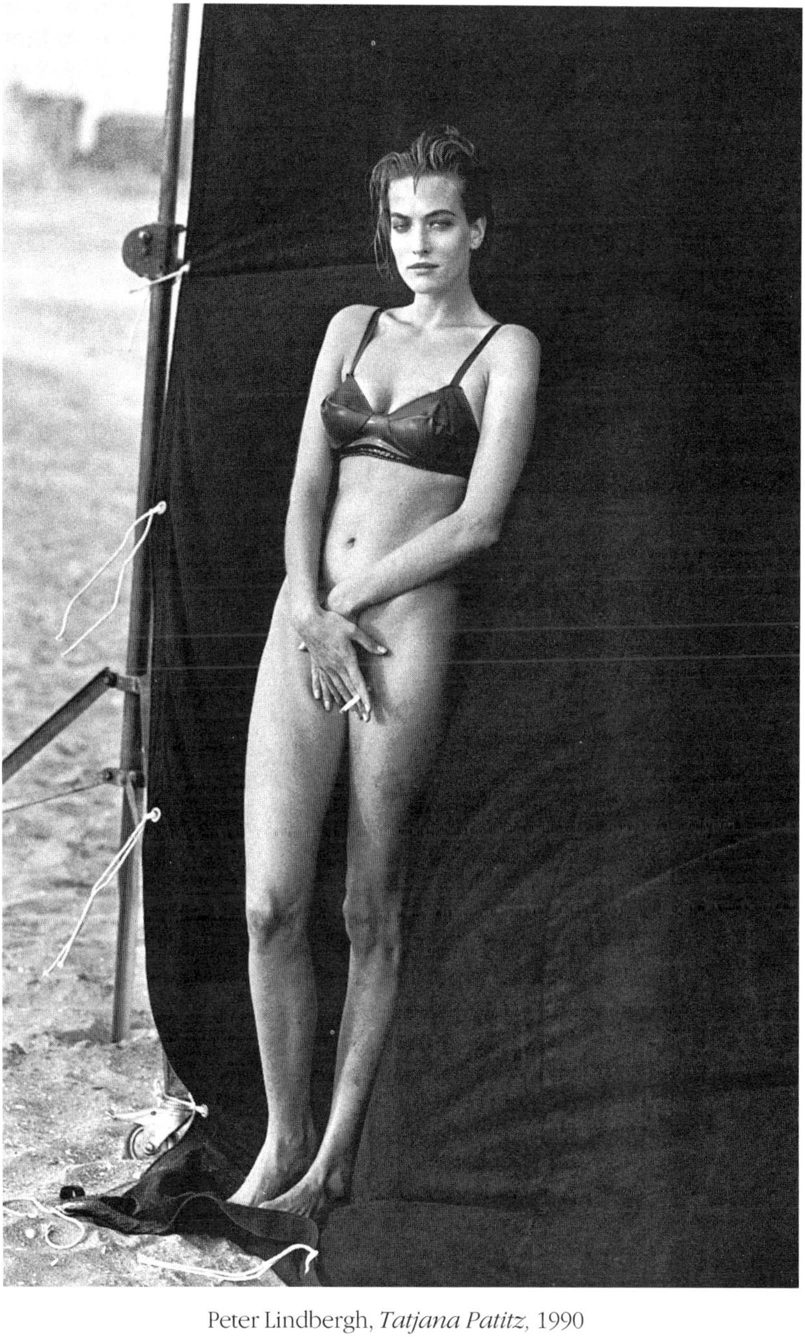

Peter Lindbergh, *Tatjana Patitz*, 1990

Ausblick

SYNTHETISCHE KÖRPER

Gegenwart & Zukunft des erotischen Fotos

Jeanloup Sieff, *Violette,* 1985

Blickt man zurück auf die gesamte Geschichte der erotischen Fotografie, drängt sich die Frage auf, welche Zukunft sie noch vor sich hat. Mit anderen Worten: Gibt es überhaupt noch irgendwelche Chancen, wirklich neue Seiten zu entdecken? Oder sind – nach den ersten 150 Jahren ihrer Geschichte – nicht alle denkbaren Variationen der Foto-Erotik erschöpft?

Ganz zu Anfang hatten wir festgestellt, daß nicht etwa pausenlose Abwechslung oder die stetige Zunahme dessen, was dem erotischen Foto zu zeigen erlaubt war, seine anhaltende Popularität begründeten, als vielmehr die Tatsache, daß es sich im Grunde überhaupt nicht veränderte, im wesentlichen immer nur mit ein und demselben Schau-Spiel aufwartete – dem strategischen Entblößen und Verhüllen der weiblichen Anatomie – und deshalb letztlich nur von jener nie versiegenden Macht lebte, die dies Schau-Spiel über die männliche Phantasie besitzt.

Daran wird wohl auch die Zukunft nicht viel ändern – es sei denn, wir erleben in nächster Zeit tatsächlich die Ausbildung einer Foto-Erotik, die speziell auf die Lusterwartungen des weiblichen Blicks zugeschnitten ist. Was bedeuten würde, die Charakterisierung des erotischen Fotos dahingehend umzuformulieren, daß sich seine anhaltende Popularität aus der Macht ergibt, die das strategische Entblößen und Verhüllen des männlichen oder weiblichen Körpers über die menschliche Phantasie besitzt.

Aber das bleibt, wie gesagt, abzuwarten.

Nach der »sexuellen Revolution« am Ende der sechziger Jahre war das erotische Foto in die Ära seiner nahezu grenzenlosen Freizügigkeit eingetreten. In dieser Ära befinden wir uns noch immer. Ob es in Zukunft wieder einmal Einschränkungen der jetzigen Bewegungsfreiheit geben kann, sprich: die Rückkehr zu einem deutlich konservativen Moralkodex, will aus gegenwärtiger Sicht eher unwahrscheinlich anmuten. Denn das augenblickliche, permissive Moralklima ist ja der Ausdruck einer Entwicklungsstufe westlicher Kultur, auf der lustvoller Konsum zum obersten Gebot avanciert ist.

Ebenso unwahrscheinlich wie Rückschritte hinter den heute erreichten Zustand sind aber auch weitere Fortschritte bei dem Prozeß, den man an seinem Beginn mit der inzwischen reichlich pathetisch klingenden Formulierung einer »Befreiung des Eros« umschrieb.

Es gibt bereits keinerlei Zensur mehr – lediglich gewisse Auflagen für den Vertrieb, die sicherstellen sollen, daß »harte« Pornografie nicht in die

Hände Jugendlicher gerät. Davon abgesehen, sind all ihre Formen nicht nur geduldet, sondern dermaßen omnipräsent, daß sie aus unserem Alltag gar nicht mehr wegzudenken sind.

Deshalb ist es wohl auch weniger skandalös als folgerichtig, wenn jetzt durch Jeff Koons, den jüngsten Star der New Yorker Kunstszene, sogar eine Liaison von Pornografie und Avantgarde betrieben wird, indem er sich mit dem italienischen »Schnuckelchen« Ilona Staller vor der Kamera zu koitalen Szenen vereint, die ihren Platz im Museum finden sollen. (Seite 148/149) Denn die Bezirke hoher Kunst bildeten die letzte Bastion auf dem Weg zur vollkommenen gesellschaftlichen Akzeptanz auch der expliziten Foto-Erotik, die bis jetzt noch nicht gefallen war.

Was bleibt, ist die Frage nach den Inszenierungsweisen und damit dem zukünftigen Erscheinungsbild des erotischen Fotos. Werden wir hier nur Altbekanntem begegnen, einem endlosen Recycling bereits erprobter Verfahren, oder auch bislang noch Ungesehenem?

Daß nicht *alles* beim alten bleiben wird, dafür sorgt schon die zunehmende Digitalisierung des erotischen Fotos. Welche Veränderungen zu erwarten sind, wenn es im Computer bearbeitet oder gar zur Gänze dort erzeugt werden sollte, läßt sich erst in groben Umrissen ausmachen. Klar ist aber schon so viel: Es werden Szenen sein, die uns abermals verblüffen, reich an zauberhaften Illusionseffekten und bevölkert mit Körpern von unwahrscheinlicher Perfektion – synthetische Paradiese der Lust, wie wir sie uns heute nur träumen lassen können.

Ralf Schultheiss für *Quick*, 1989

Riccardo Schicchi, *Jeff Koons und Ilona Staller,* 1990

RELAX YOUR MIND

Jeanloup Sieff für *Davidoff Parfüms,* 1990

Anhang

Kurzbiographien der Fotografen

Atget, Jean-Eugène August (1856, Libourne – 1927, Paris) Schauspieler, Maler und – ab ca. 1900 – Fotograf. Konzentriert sich auf pittoreske Straßenansichten, die er an Maler wie Vlaminck, Utrillo oder Braque verkauft. Außerdem Pariser Interieurs sowie einige wenige Aktaufnahmen. Zu Lebzeiten kaum bekannt, gelangt sein Werk erst posthum (nicht zuletzt auf Betreiben der Surrealisten um Man Ray) an die breite Öffentlichkeit.
Lit.: E. A. Köln 1980.

Basch, Peter (1921, Berlin) 1933 zusammen mit den Eltern Übersiedlung in die USA. Studium in England. Filmassistenz in Hollywood. Nach 1945 Eröffnung eines Foto-Studios in New York, das B. bis 1970 unterhält. In den 50er Jahren Hinwendung zur Aktfotografie. Pin-ups hauptsächlich für den *Playboy.* Zahlreiche Buchveröffentlichungen mit z. T. sechsstelligen Auflagenziffern. Damit einer der erfolgreichsten Mädchenfotografen nach dem Krieg.
Lit.: P. B. The Best Nudes. Tokio 1980.

Bettina Rheims, *C.*, 1981

Bauret, Jean François (1932, Paris)
Professioneller Fotograf seit 1957. Spezialisiert auf Sachfotografie und Werbung. Kampagnen u. a. für Warner und die Banque Nationale de Paris. Daneben freie künstlerische Arbeiten im Akt- und Porträtbereich. Zahlreiche Ausstellungen und Publikationen.
Lit.: Portraits Nus, Paris 1984. – Portraits. Paris 1990.

Bisson, Louis-Auguste (1814, Paris – 1876, Paris)

Bisson, Auguste-Rosalie (1826, Paris – 1900, Paris)
Bekannt als Bisson Frères. Ab 1840 gemeinsam mit dem Vater erste Versuche auf dem Feld der Daguerreotypie. Eröffnung eines Studios in Paris (1841). Gründungsmitglieder der »Société française de photographie«. Gewerbliche Porträts, Architekturstudien, Reproduktion von Kunstwerken. Außerdem Bilder vom Montblanc (1861), die allgemein als erste Aufnahmen aus dem Hochgebirge gelten.

Brigman, Annie W. (1869, Honolulu/Hawaii – 1950, Eagle Rock/Kalifornien)
Beginnt 1895 mit Aufnahmen ihres Mannes. 1903 Teilnahme am 3. San Francisco Photographic Salon, wo sie Bekanntschaft mit den Arbeiten der »Photo-Secession« macht. Wird Mitglied und beginnt regen Briefwechsel mit Alfred Stieglitz, der ihre Arbeiten erstmals 1909 in *Camera Work* publiziert. 1910 Aufnahme in den »Linked Ring«. Verstärkte Auseinandersetzung mit der Aktfotografie. Eine der ersten weiblichen Fotografen, die den eigenen Körper zum Gegenstand ihrer Kamerastudien machen.

Burns, Marsha (1945, Seattle/Washington)
Studium an der University of Washington und der University of Massachusetts, Amherst. Lebt und arbeitet als freie Fotografin in Seattle. Akte, Halbakte, Aktporträts z. T. im großen Polaroid-Format (50 × 60 cm). Zahlreiche Ausstellungen in Europa und den USA.
Lit.: Peter Weiermair (Hg.): Frauen sehen Männer. Schaffhausen 1988.

Camp, E. J. (Kentucky/USA)
V. a. in den USA bekannte und gefragte Fotografin für Erotik und Porträt. Meist kunstvoll inszenierte Bildnisse amerikanischer Stars aus Film- und Musikgeschäft. Publikationen u. a. in *Esquire, Harper's Bazaar, Life* und insbesondere *Rolling Stone*. Lebt in New York.
Lit.: Rolling Stone. Die Photographien. München 1989.

Casilli, Mario (1931, Cleveland/Ohio)
Nach einer Akt-Session mit dem Fotomodell Jacquelyn Prescott wird Castilli 1957 Staff-Fotograf beim *Playboy*. Fotografiert rund 70 Playmates. Verläßt das Magazin 1980 und arbeitet seither als Free-Lancer. Erwähnenswert seine Aufnahmen der gerade 14jährigen Brooke Shields (1979), die wenig später mit dem Film »Pretty Baby« weltbekannt werden sollte.

Demachy, Robert (1859, St.-Germain-en-Laye – 1938, Hennequeville)
Neben Constant Puyo führender Kopf der Kunstfotografie im Frankreich der Jahrhundertwende. Als Fotograf Autodidakt. Erste Kamerabilder um 1880. Mitglied der »Société française de photographie« ab 1882. Im selben Jahr erste Ausstellung seiner Arbeiten. Auseinandersetzung mit der Technik des Gummidrucks ab 1884. Zahlreiche Aktstudien nach diesem Verfahren. Auch mit Artikeln zu Ästhetik und Praxis der Fotografie hervorgetreten.
Lit.: R. D. Photographe. Paris 1980.

Drtikol, František (1883, Příbram/Böhmen – 1961, Prag)
Fotolehre in einem Porträtstudio in Pří-

bram. 1901 Wechsel nach München und Besuch der Bayerischen Staatslehranstalt für Lichtbildwesen. 1903 Rückkehr in die Tschechoslowakei. Eröffnung eines Fotoateliers in Prag. Neben bemerkenswerten Künstlerporträts insbesondere Auseinandersetzung mit dem Frauenakt, zunächst noch ganz im Bann von Jugendstil und Pictorialismus. Nach 1920 zunehmend Einflüsse des Kubismus und Konstruktivismus. 1935 Aufgabe der Fotografie zugunsten der Tafelmalerei.

Lit.: F. D. Photograph des Art Deco. München 1986.

DUNAS, Jeff (1954, Los Angeles)

International bekannter Mädchenfotograf. Erotische Aufnahmen (in Farbe) u. a. für *Penthouse, Playboy* oder *Lui.* Von 1976 bis 1979 Hausfotograf bei *Oui*/Frankreich. Außerdem hervorgetreten als Verleger (»Melrose Publishing«, 1981–88), Buchautor (»Captured Women«, 1981; »Mademoiselle, Mademoiselle!«, 1982; »Voyeur«, 1983) und Zeitschriftenmacher (»Collector's Editions Review«, 1985–88). Lebt in Los Angeles und Paris.

Lit.: J. D. Berlin 1989.

EUGENE, Frank (1865, New York – 1936, Leipzig)

Eigentlich Frank-Eugene Smith. Studium der Malerei in New York sowie ab 1886 in München. Nebenher tätig als Amateurfotograf. 1899 Ausstellung seiner Arbeiten im New Yorker »Camera Club«. Gründungsmitglied der »Photo-Secession«. 1906 endgültige Übersiedlung nach Deutschland. Ab 1907 Dozent für malerische Fotografie an der Münchner Lehr- und Versuchsanstalt für Photographie und Reproduktionstechnik. Seit 1913 Professor für künstlerische Fotografie in Leipzig. Namhafter Vertreter der Kunstfotografie. Im übrigen als Jugendstilmaler hervorgetreten.

FREYTAG, Arny (1950, Chicago/USA)

Kunststudium an der American Academy of Fine Arts (Chicago) und am Brooks Institute of Photography (Kalifornien). Im Rahmen eines Praktikums erste Kontakte mit der Zeitschrift *Playboy.* Seit Ende der 70er Jahre ständiger Mitarbeiter des Magazins. Erotische Fotografie nicht ohne Witz, Akte zwischen Glamour und Fantasy.

GATEWOOD, Charles (1942, Illinois)

Studium der Anthropologie in Nordamerika und Schweden. Als Fotograf Autodidakt. Von 1969 bis 1973 als Bildjournalist bei der *Manhattan Tribune.* Seit 1974 freier Fotograf mit besonderer Affinität zu extremen Typen und Situationen. Zahlreiche Ausstellungen. Lebt in Woodstock, New York.

Lit.: Ch. G. Forbidden Photographs. Woodstock 1981.

GIBSON, Ralph (1939, Los Angeles)

Ausbildung am San Francisco Art Institute. Von 1963 bis 1970 tätig als Bildjournalist, Mode- und Werbefotograf. Hinwendung zur künstlerischen Fotografie. Bis Mitte der 70er Jahre surrealistisch inspirierte Fotosequenzen. Ab 1970 Rückkehr zur Konzeption des Einzelbildes. Lebt in New York.

Lit.: R. G. Syntax. New York 1983.

GUCCIONE, Bob (Großbritannien)

Als Blattmacher bzw. Herausgeber internationaler Magazine eine der erfolgreichsten Verlegerpersönlichkeiten nach dem Krieg. 1965 Gründung der Zeitschrift *Penthouse* in London. 1969 Markteinführung von *Penthouse*/USA. Es folgen *Penthouse*/Deutschland, Frankreich, Italien, Niederlande, Spanien, Griechenland, Mexiko, Hongkong und Australien. 1978 Gründung der Zeitschrift *Omni.* Auch als

Mädchenfotograf hervorgetreten. Lebt in New York.

HAMILTON, David (1933, England)
Grafiker, Typograf, Art-Director beim Pariser Warenhauskonzern Printemps. Anschließend freier Fotograf. Publikationen u. a. in *Twen, Esquire, Vogue, Penthouse, Playboy* und *Lui*. Mit Abstand populärster Mädchenfotograf der 70er Jahre.
Lit.: The Best of D. H. Kehl 1981.

HESSELMANN, Herbert W.
(1946, Dietmannsried/Allgäu)
Fotoausbildung an der Bayerischen Staatslehranstalt für Photographie. Eigenes Studio seit 1974. Werbung, Mode, Erotik. Kampagnen u. a. für *Spaten* und *McDonald's*. Im übrigen Mädchenfotografie für *Playboy* und *Lui*. Lebt als freischaffender Fotodesigner in München.
Lit.: H. W. H. Princess in Blond und Tango. München 1983.

KOONS, Jeff (1955, York/Pennsylvania)
Studium am Maryland Institute of Art, Baltimore, und am Art Institute of Chicago. Lebt und arbeitet als freischaffender Fotokünstler in Manhattan. In der Nachfolge Andy Warhols Liebling der Medien und Star der New Yorker Kunstszene. Mehrere Ausstellungen, darunter eine erste deutsche 1988 bei Max Hetzler (Köln).
Lit.: Michael Köhler (Hg.): Das konstruierte Bild. Schaffhausen 1989.

Studio LEHNERT, Rudolf (1878, Grossaupa/Böhmen – 1948, Rédeyef/Tunesien) und LANDROCK, Ernst (1880, Sachsen – 1957, Kairo)
1904 Aufbruch nach Tunesien und Gründung eines fotografischen Betriebes in der Hauptstraße (rue de France) von Tunis. Porträtaufnahmen, Genreszenen, Landschaften, v. a. aber Akte und Halbakte arabischer Schönheiten. Vertrieb der handwerklich gekonnt gestalteten Erotika hauptsächlich über Bildpostkarten. Ende der gemeinsamen Aktivitäten mit Beginn des Ersten Weltkriegs.
Lit.: L. & L. Lausanne 1987.

LINDBERGH, Peter (1944, Lissa/Posen)
International gefragter Spezialist für Mode und Werbung. Ursprünglich Schaufenster-Dekorateur bzw. freier Maler. Durchbruch als Fotograf mit einer Modestrecke für den *Stern* (1978). Redaktionell u. a. tätig für Zeitschriften wie *Vogue* und *Marie Claire*.

Atelier MANASSÉ
Olga SPOLARICS (1896, Ungarn – 1969, Wien) und Adorian von WLASSICS (1893, Ungarn – 1946, Wien).
1924 Eröffnung eines Fotoateliers in Wien. Porträtaufnahmen, Studien von Schauspielern und Tänzern. Daneben als besondere Spezialität skurrile Aktmontagen, die über Bildpostkarten bzw. mittels Zeitschriften Verbreitung finden. 1936 Übersiedlung nach Berlin. Eröffnung eines Studios am Kudamm. Rückkehr nach Wien 1943, wo Olga Wlassics bis zu ihrem Tod als Fotografin tätig ist.
Lit.: Die montierte Frau. Wien 1988.

MAN RAY (1890, Philadelphia – 1976, Paris)
Multimedial orientierter Künstler, dessen facettenreiches Werk zu den wohl kreativsten Leistungen der klassischen Moderne zählt. Eigentlich Emmanuel Rudnitshky. Kunststudium in New York. Ab 1921 in Paris aktiv als Maler, Filmemacher, Fotograf. Entdeckung der kameralosen Fotografie. Außerdem Experimente mit Fotomontage und Solarisation. Bemerkenswerte Porträts seiner Künstlerfreunde, Aktaufnahmen, Stilleben. 1940 Rückkehr in die USA. Ab 1951 wieder in Paris.
Lit.: M. R. Sein Gesamtwerk. Schaffhausen 1989.

MAPPLETHORPE, Robert (1946, New York – 1989, New York)
Studium der Malerei am Pratt Institute, New York. Als Fotograf Autodidakt. Ab 1970 Auseinandersetzung mit dem Medium. Beginnt mit Porträtstudien im Sofortbildverfahren. Mitte der 70er Jahre Übergang zum quadratischen Mittelformat. Pflanzenstudien, Porträts sowie Akte. Zahlreiche Aufnahmen mit (männlichen) farbigen Modellen: streng komponierte Studioporträts, deren beinah klassische Bildsprache an die Arbeiten von Hoyningen-Huene oder Horst erinnert. Erste Einzelausstellung in Europa 1979 (Galerie Jurka, Amsterdam). Ohne Zweifel einer der meistdiskutierten Fotografen der 80er Jahre.
Lit.: R. M. New York 1988.

MORTENSEN, William Herbert (1897, Park City/Utah – 1965, Laguna Beach)
Abendstudium an der Art Students League, New York (1918–20). Ab 1921 in Hollywood, zunächst als Bühnenbildner und Kostümdesigner, ab 1922 dann als Fotograf aktiv. Eigenes Studio ab 1925. Spezialisiert auf Glamour. U. a. Bildnisse von Clara Bow, Jean Harlow, Rudolph Valentino. Außerdem Aktaufnahmen sowie allegorisch inspirierte freie künstlerische Arbeiten (Monsters & Madonnas, 1936).
Lit.: The Photographic Magic of William Mortensen. Los Angeles 1979.

OLIVIER, Louis-Camille d' (genaue Daten unbekannt)
Maler. Aktiv um 1850 in Paris. Zählt zu den Pionieren der künstlerischen Aktfotografie. Außerdem Stilleben und Stadtansichten.

OUTERBRIDGE, Paul (Everard) (1896, New York – 1959, Laguna Beach)
Maler, Bühnenbildner, Illustrator. Ab 1921 Ausbildung zum Fotografen. Tätig u. a. für *Harper's Bazaar, Vanity Fair* und *Vogue*. In den 20er und 30er Jahren einer der erfolgreichsten Werbefotografen, dessen raffinierte Kompositionen sich deutlich an der Neuen Sachlichkeit orientieren. Nebenher für ihre Zeit äußerst gewagte Frauenakte (in Farbe), die erst Mitte der 70er Jahre veröffentlicht wurden.
Lit.: P. O. Jr. Photographien 1921–39. München 1981.

POWOLNY, Frank (1901, Wien – 1986, USA)
Sohn eines k. u. k. Hoffotografen. Flucht der Familie während des Ersten Weltkriegs in die USA. Ab 1920 in Los Angeles. Beginnt mit kleinen Jobs beim Film. Ab 1923 Standfotograf bei der 20th Century Fox (bis 1966). Von 1929 bis 1963 offizieller Fotograf bei der jährlichen Oscar-Preisverleihung. Bekannt v. a. durch zahlreiche Glamour-Aufnahmen und Pin-ups, darunter das berühmte Foto von Betty Grable aus dem Jahr 1943.

RANDALL, Suze (1946, Großbritannien)
Ursprünglich Fotomodell in London. Bringt sich Anfang der 70er Jahre mit erotischen Aufnahmen ihrer Kolleginnen ins Gespräch. 1975 erste Aufträge von *Playboy*. 1978 Wechsel zu *Hustler*. Seit 1980 hauptsächlich für Bob Guccione's *Penthouse* tätig. Zahlreiche Buchveröffentlichungen und Videofilme.

RHEIMS, Bettina (1952, Paris)
Auseinandersetzung mit dem Lichtbild seit 1978. Schwerpunkte: Akt, Erotik, Mode und Porträt. Erste Veröffentlichung 1981 in *Photo*. Mittlerweile tätig für internationale Magazine wie *Elle, Playboy, Stern*. Außerdem Video-Clips und Werbefilme. Zahlreiche Einzelausstellungen.
Lit.: B. R. Female Trouble. München 1989. – Modern Lovers. Heidelberg 1990.

Schiller, Lawrence (1936, New York)
Beginnt Anfang der 60er Jahre als Bildjournalist u. a. für *Life, Time, Paris Match* und den *Stern*. In den 70er Jahren Hinwendung zum Dokumentarfilm. Regisseur zahlreicher mit dem Emmy prämierter Fernsehfilme. Mit am bekanntesten sein Foto der entblößten Marilyn Monroe (während der Dreharbeiten zu dem Film »Something's Got to Give«, 1962).

Schultheiß, Ralf (1952, Essen)
Studium der Visuellen Kommunikation in Essen, u. a. bei Otto Steinert und Willy Fleckhaus. 1978 erste Reportage für das *FAZ-Magazin*. Seit 1981 freier Fotograf in Essen. Zahlreiche Reportagen, Aufmacher oder Titel für den *Stern, Quick, Sports* und das *FAZ-Magazin*.

Sieff, Jeanloup (1933, Paris)
Anfänglich Fotojournalist. Ende der 50er Jahre Hinwendung zur Mode. Seit 1967 eigenes Studio in Paris. Schwerpunkte: Fashion und Beauty, Werbung. Im übrigen bemerkenswerte Porträtaufnahmen, Akte und Landschaften (bei auffälligem Hang zur Weitwinkeloptik). Lebt in Paris.
Lit.: J. S. 1950–1990. Paris 1990.

Swannell, John (1946, London)
Vier Jahre Assistent bei David Bailey. Danach eigenes Studio für Mode, Werbung und Erotik. Arbeitet für verschiedene Zeitschriften und Werbeagenturen. Bekannt v. a. durch seine Mädchenfotografie (in s/w), die Einflüsse Baileys zeigt. Mehrere Ausstellungen. Lebt in London.
Lit.: J. S. Fine Lines. London 1982.

Székessy, Karin (1939, Essen)
Bis 1966 Bildjournalistin für *Kristall*. Danach als freie Fotografin tätig, u. a. für *Twen, Spiegel, Zeitmagazin, Architektur und Wohnen*. Seit 1971 verheiratet mit dem Maler Paul Wunderlich, der ihre farbigen Mädchenakte gern als Vorlage für seine Graphiken und Bilder heranzieht. Lebt und arbeitet in Hamburg.
Lit.: K. S. Best Nudes. Tokio 1979.

Trülzsch, Holger (1939, München)
Architektur- und Kunststudium in München. 1967 Wechsel nach Frankfurt. Soziologiestudium u. a. bei Adorno, Bloch und Habermas. Mitgründer der Pop-Gruppe Popol VUH. Musik für Werner Herzogs Film »Aguirre«. 1970 Hinwendung zur künstlerischen (konzeptionellen) Fotografie. Einzelausstellungen in Europa und den USA. Zahlreiche Veröffentlichungen. Lebt in Paris.
Lit.: H. T. Le Garage de Hegel. Paris 1989.

Weissbrich, Peter (1942, Berlin)
Hinwendung zur Fotografie 1962. 1963 erste Auftragsarbeiten u. a. für den Pharmakonzern Schering. 1964 Übersiedlung nach München. Reportagen für die Illustrierte *Quick*. Erotische Fotografie für *Playboy, Penthouse* und *Lui*. Mittlerweile hauptsächlich Modefotografie und Werbung. Lebt in München.

Wickrath, Claus (1948, Düsseldorf)
Spezialist für Fashion und Beauty mit Wohnsitz in Paris. Ausbildung in London bei John Vaughan. Eigenes Studio seit 1975. Tätig für internationale Magazine wie *Elle, Vogue/England. Vogue/Italien* und den *Stern*.
Lit.: C. W. Flowerskin. Köln 1990.

Willinger, Laszlo (1909, Budapest)
Beginnt Anfang der 30er Jahre in Berlin als Bildreporter, u. a. für die *Berliner, Hamburger* und *Münchner Illustrierte Presse*. 1933 Emigration nach Österreich. Vier Jahre später Übersiedlung in die USA. Studio in Hollywood ab 1946. V. a. Bildnisse im Glamour-Stil der Zeit. Porträts der großen Stars für Zeitschriften, Kalender usw. Retrospektive 1983 (National Portrait Gallery, Washington).

Marsha Burns, 1989

Bildnachweis

Ein Band wie dieser ist nur unter Mithilfe zahlreicher Personen und Institutionen realisierbar. Ihnen allen, die beim Zustandekommen der Bildauswahl mitgewirkt haben, sei daher an dieser Stelle nachdrücklich gedankt.
Zuerst den Fotografen, die uns ihre Archive öffneten: Peter Basch (101), Jean-François Bauret (116), Ruth Bernhard (103), Marsha Burns (158), Jeff Dunas (125), Charles Gatewood (127), André Gelpke (126), Ralph Gibson (121), Herbert Hesselmann (128), Tana Kaleya (119), Vera Lehndorff & Holger Trülzsch (124), Peter Lindbergh (143), Wingate Paine (106), Bettina Rheims (152), Ricardo Schicchi (148/149), Ralf Schultheiss (147), Jeanloup Sieff (144), John Swannell (133), Karin Székessy (122), Gerhard Vormwald (123), Peter Weissbrich (139) und Klaus Wickrath (142).
Dann den Agenturen, Galerien, Museen und Privatsammlern, die uns Vorlagen vermittelten oder bereitstellten: Agence Rapho, Paris (98); Agentur Damm für Lancaster, Koblenz (150/151); Art & Commerce, New York (129); Bildarchiv Peter Engelmeier, München (93); Bild-Kunst, Bonn (75); Bokelberg Collection, Hamburg (67); Deutsche Presse Agentur, Frankfurt (105); G. Ray Hawkins Gallery, Los Angeles (83); The Image Bank, München (118); The Kobal Collection, London (92); Gérard Lévy, Paris (29, 45, 99); Outline, New York (130); Penthouse Magazine, München/New York (110, 134, 135, 136, 137 oben, 138); Playboy Magazine, München/Chicago (107, 109, 132, 137 unten, 140/141); The Royal Photographic Society of Great Britain, Bath (58); Uwe Scheid, Berus (21, 26, 27, 28, 30, 31, 37, 38, 82); Dietmar Siegert, München (77) und Staley-Wise Gallery, New York (Umschlagfoto).
Schließlich den Modellen, die der Veröffentlichung zustimmten: Tatjana Patitz/Elite (143); Jeff Koons & Ilona Staller (148/149).
Die restlichen Aufnahmen stammen aus dem Besitz des Herausgebers oder von Sammlern, die es vorziehen, ungenannt zu bleiben.